노후소득 월 천만 원 만들기

노후소득 월 천만 원 만들기

김 태 훈 지음

좋은땅

C o n t e n t s

들어가며 · · · 6

경북대 동문(East Gate)의 추억 · · · 11

수익형 부동산은 지방거점국립대 원룸이 답 · · · 16

이왕 살 거면 메인게이트 바로 앞 원룸 · · · 23

가급적 네모반듯한 원룸을, 가급적 큰 원룸을 · · · 31

2025년은 다중주택에서 다가구주택으로 · · · 39

전기의류건조기와 냉온수정수기 · · · 48

딸 가진 부모 마음 · · · 55

골프보단 테니스 · · · 62

에어비앤비 200% 활용하기 · · · 68

당근 200% 활용하기 · · · 74

쿠팡 200% 활용하기 · · · 80

맥가이버가 되자 · · · 89

숨은 고수 · · · 94

두 마리의 개: 편견과 발견 ⋯ 102

정성을 다하면 바뀐다: 모든 방 직접 자 보기 ⋯ 111

줄줄이 비엔나 효과 ⋯ 117

아이스께끼 아저씨 ⋯ 122

즉각반응 ⋯ 127

아임 쏘리 벨라, 땡큐 제니퍼 ⋯ 135

기록은 나의 힘 ⋯ 141

별점 다섯 개 노하우 ⋯ 146

일타오피 ⋯ 153

Chat GPT ⋯ 157

호모 루피엔스 ⋯ 175

충신보다 양신 ⋯ 178

디깅 모멘텀(Digging Momentum) ⋯ 183

마치며 ⋯ 186

들어가며

글은 음식이다. 그동안 남이 만들어 준 음식을 먹다가 이제 내가 음식을 만들어 보고 싶다는 생각이 들었다. 음식은 맛있어야 한다. 몸에도 좋아야 한다. 글도 맛있어야 한다. 삶에도 이로워야 한다. 음식이 좋으면 요리가 된다. 요리 같은 글을 써 보고 싶다.

오늘(24.8.21) 점심때 제방훈을 만났다. 《국정감사 실전 전략지침서》라는 책을 쓴 후배다. 얼마 전 황병덕 후배도 만났다. ESG 주제로 최근 박사학위를 받았다. 평가지표로 특허도 받았다. 소비자관점의 ESG라는 주제로 책도 썼다. 제방훈은 다른 책도 썼다. 한 친구가 제방훈의 책을 읽고는 글쓴이를 좀 만나게 해 달라고 조르기에 이른바 '저자와의 만남'을 주선했다. 그런데 이날이 내가 책을 쓰기 시작하는 날이 될 줄이야.

두 후배의 끊임없는 노력과 열정, 끈기와 성실함에 존경을 표한다. 나도 오늘부터 용기 내 보기로 했다. 내가 그다지 스펙터클한 삶을 산 것도, 엄청난 학문적 성과를 이룬 것도 아니지만, 나의 경험을 담백하게 써 보고자 한다.

내 인생에 두 가지 모토가 있다. 하나는 형설지공(螢雪之功)이고 다른 하나는 후생가외(後生可畏)다. 형설지공은 설명이 필요 없을 정도로 그 뜻을 모르는 사람이 없다. 반딧불이 형, 눈 설, 노력 공…. 밤에 반딧불이의 불빛과 눈에 비친 달빛으로 공부한다는 뜻이다. 그 모습을 상상해 보면 낭만적이기까지 하다.

인생을 4등분으로 나눠 보자. 태어나서 25세까지를 봄, 26세부터 50세까지를 여름, 51세부터 75세까지를 가을, 76세부터 나머지 생을 겨울로 보면 그럴싸하다. 나는 지금

53세이니 초가을이다. 결실의 계절인 것이다. 나는 봄부터 여름까지 형설지공 하였는가?

후생가외는 후배를 존경하고 두려워하라는 뜻이다. 보통 선배들은 후배들을 은연중에 얕보는 경향이 있다. 개구리 올챙이 적 모른다. 너 많이 컸네? 이런 식이다. 그런데 나이 오십이 넘고 보니 후배들이 고위직에 포진되어 있고 군에서는 원스타, 투스타다. 국회의원도 있고 장·차관도 있다. 이들이 아는 후배, 심지어는 학교 후배라고 해서 올챙이 적 시절을 떠올리며 속으로 애써 낮춰 본다. 자격지심이다.

후배에게 배울 것이 많다. 후배를 존중하고 또 존경해야 한다. 삶을 돌이켜 보면 선배보다 후배에게 더 배울 점이 많았던 것 같다. 이 책에선 내가 사회생활 하면서 나에게 에너지를 주고 동기를 부여했던 후배들의 이야기도 많이 담을 것이다.

어떤 책을 쓸 것인지 고민해 보았다. 내가 전문 기술이 있는 것도 아니고 외국어에 탁월한 것도 아니다. 변호사나 회계사도 아니다. 직장인으로서, 시민으로서 평범한 삶을 살았다.

그래, 내가 지금까지 살아오면서 경험했던 직장생활, 부업, 다양한 도전과 노력, 실패와 성공사례. 내가 어떤 난관에 봉착했을 때 그것을 어떻게 극복했는지, 내가 무엇을 얻고자 할 때 어떤 준비를 했는지, 내가 어떤 목표를 정했을 때 어떻게 그 목표에 도달할 수 있었는지를 써 보는 것이 좋겠다.

이 모든 것이 결국 자본주의사회에서, 경제생활의 영역에서, 나는 어떻게 돈을 벌고, 돈을 모으고, 돈을 불려 나갔는지. 도전과 경험을 통해 얻은 노하우를 나의 노후연금계좌에 얼마나 차곡차곡 적립하고 있는지.

이 책을 쓰게끔 모멘텀(Momentum 성장동력)과 에너지를 불어넣어 준 제방훈과 황병덕 후배에게 정말 고맙다는 말을 전하고 싶다. 내 인생의 한여름을 뜨겁게 달궈 준 주호영

국회부의장님께 존경의 마음을 담아 머리 숙여 깊이 감사드린다.

  이 책에 나오는 모든 이들과 독자들에게 건강과 행운이 가득하길 바란다.

경북대 동문(East Gate)의 추억

경북대학교는 대구 북구에 있는 국립대학이다. 경북대 동문은 내 대학생활의 아지트였다. 1990년 3월, 경북대 사회과학대학 정치외교학과에 입학했다. 71년생 돼지띠는 그해 102만 명이 태어났다. 베이비부머의 마지막 세대였다. 지금 한 해 태어나는 신생아가 23만 명이 안 되는 걸 보면 가히 놀라운 규모다.

초등학교(당시 국민학교) 1학년 때 학생 수가 너무 많아 교실과 교사가 부족해 오전반, 오후반으로 나눠서 공부했던 기억이 난다. 한 반이 60명이었고 한 학년당 15학급이었다. 그런 인구빅뱅의 여파로 모든 대학이 학생으로, 사람으로 활기가 넘쳤다. 경북대도 그랬다.

경북대 사회과학대학은 동쪽 문에 있다. 경상대학과 법정대학(지금은 로스쿨)도 이곳에 있다. 나는 경북대 동문과 북문에서 하숙과 자취를 했다. 나는 참외로 유명한 경북 성주군의 어느 작은 마을에서 태어났다. 그 당시 경북권 시골 출신 학생들은 대구에 있는 중고등학교나 대학을 가는 것이 지금의 해외유학 같은 거였다.

어머니께서 교육열이 남달라, 나는 초등학교부터 대구에서 다녔다. 아버지는 성주에서 농사를 짓고 어머니는 대구 서문시장 근처에서 미싱 일을 하시면서 형과 나를 길렀다.

어머니는 1970년대 청계천 미싱공과 같은 모습이었다. 대구가 섬유도시였기 때문에, 당시 서문시장을 중심으로 서울의 동대문시장처럼 원단도매와 의류제조업체가 즐비했다. 내 기억으론 어머니가 새벽같이 나가서 밤 10시가 넘어 귀가하셨던 것 같다. 당시 모든 초등학생들은 밤 8시 55분에 '착한 어린이는 일찍 자야 한다.'는 텔레비전 방송

과 함께 집단 최면처럼 다 함께 꿈나라로 갔다.

아침 8시부터 밤 10시까지면 14시간이라는 살인적인
노동환경이었다. 어머니는 1978년 당시 서른두 살이셨
다. 나는 가나다라를 떼고 나서 처음으로 어머니에게 글을
썼다. 밤 9시 잠자리에 들기 전에 엄마 이부자리를 깔아
놓고, 빈 베개맡에 공책 한 장을 찢어 연필로 이렇게 눌러
썼다.

'엄마야 내 저테 자마 조켓습니다.'
엄마, 내 곁에 주무시면 좋겠습니다.

대학교 1학년 때 나는 이런 순진한 생각을 했다. 불 꺼진
하숙방 골방에 누워 '음… 이 집에 방이 8개인데 10만 원씩
받으면 80만 원…. 와! 이 집 주인은 집에 9급 공무원 한
명이 있는 거랑 같네? 나도 나중에 돈을 벌어서 이런 집을
사서 월세를 놔야겠다.'

34년이 지난 지금, 나는 방 21개가 있는 원룸건물의 주

인이 됐다. 내가 자취했던 곳에서 50미터 떨어진 곳이다. 경북대 인근의 원룸 시세는 대략 방당 월30이니 이 건물에서 월630이 들어온다. 전기·수도요금 등 관리비, 부동산 중개수수료, 수리비 등 이것저것 제하고 나면 월400 정도 이익이 난다.

나는 공무원연금 수령예정자이다. 국회보좌진(별정직 공무원)으로 17년, 육군 장교로 3년을 근무해 60세부터 월 210만 원 정도의 연금을 받게 된다. 2017년 9월부터 기업에서 샐러리맨으로 일하고 있다. 국민연금 임의가입 제도를 활용해 국민연금을 월 42만 원 정도 납입하고 있다. 국민연금은 65세부터 수령할 수 있다. 이때 나는 대략 월 90만 원 정도 노령연금을 받을 수 있을 것으로 예상된다. 그 외에 개인연금을 몇 개 들고 있어서 65세부터 월 100만 원 정도 받을 수 있을 것 같다.

그렇다면 오늘을 기준으로, 원룸건물에서 나오는 월세 수익 400, 공무원연금 월210, 국민연금 월90, 개인연금 월 100을 합하면 월 800만 원의 노후연금을 준비해 놓은 셈이다. 여기에 앞으로 내가 60세가 되는 7년 내에 월200 정도 수익모델을 추가로 만들어 낸다면, 노후소득이 월1000이 되는 것이다.

나와 함께 노후소득 월500, 월1000을 준비하는, 신나는 여행을 떠나 보자!

수익형 부동산은
지방거점국립대[1] 원룸이 답

안정적으로 월300 이상 나오는 가성비 있는 수익형 부동산이 뭐가 있을까? 월300 수익을 내려면 투자금이 얼마나 있어야 할까? 상가? 아파트? 상가의 시대는 지나갔다. 인터넷 기반 플랫폼이 나타났기 때문이다. 요즘 많은 소상공인들이 배달의 민족, 쿠팡이츠 등 플랫폼을 기반으로 영업을 하고 있다. 그래서 목 좋은 상가, 번듯한 상가를 필요로 하지 않는다. 아파트? 시세차익? 이것은 정확히 말하면 수익형 부동산이 아니니 이 책에서는 논외로 하자.

---

1) 국가거점국립대학교 총장협의회에 가입한 10개 대학. 서울대, 부산대, 경북대, 충남대, 전남대, 충북대, 전북대, 경상대, 강원대, 제주대(무순) 여기서는 서울대를 제외하고는 모두 비수도권에 있으므로 지방거점국립대라고 지칭하였다.

'가성비가 있다.'는 말은 투자 대비 수익률이 높다는 뜻이다. 내가 1억을 투자했을 때 원금 손실 없이 월 얼마를 벌 수 있을까? 이렇게 단순화시켜 보자. 만약 이것을 은행에 1년 예치한다면 이자소득세를 제하고 나면 연 3% 이상 수익을 내기가 힘들 것이다. 1억에 연 3%면 연300, 월 25만 원이다. 5억이면 곱하기 5를 하면 되니 연1500, 월 125만 원이다. 10억이면 연3000, 월250이다. 주식 투자는 원금 손실이 있을 수 있으니 여기서는 제외하자.

경북대에 있는 나의 원룸은 월400 정도 순익이 나오고 있으니 연4800이다. 약 8억을 투자했으니 이것을 연 3% 이자수익으로 치면 연2400, 월200이 된다. 나는 지금 딱 두 배를 더 벌고 있는 것이다. 실제 수익이 잘 나올 때는 월500이 넘는다. 매우 보수적으로 계산한 수치다.

내가 노후 소득으로 월300을 벌려면, 현금 12억을 은행에 맡겨 놔야 한다. 그것도 제2금융권에 맡겨야 그 정도 이자수익을 기대할 수 있다. 만약 8억을 경대 인근 원룸에 투자하고 4억을 은행에 정기예금 한다면, 월세 수입 월400

에, 4억에 대한 이자수입 월100 해서 월500의 수입을 기대할 수 있다. 일종의 분산투자라면 분산투자인데, 4억을 남겨 놓은 이유는 부동산에 너무 '몰빵'[2] 하면 유동성 위기가 오기 때문이다. 한마디로 현금이 없어 여러모로 쪼들린다. 노후에는 현금도 두둑이 입출금통장에 넣어 놔야 한다.

3년 전, 본격적으로 임대사업을 시작해 보려고 처음 임장(부동산 물건을 보기 위해 현장 방문하는 것)을 한 지역은 신촌 부근이었다. 살고 있는 집과 가까울 뿐만 아니라 연세대, 이화여대, 서강대, 홍익대 등 많은 대학교가 포진하고 있는 이른바 '원룸 핫플레이스'였기 때문이었다.

네이버부동산으로 사전 분석을 한 후에 임장을 가 보기로 했다. 그런데 월세 수익에 비해 건물의 가격이 너무 높았다. 대구 경북대 인근 원룸과 서울 연세대 신촌 근처의 원룸 시세를 비교해 보자. 원룸의 위치와 상태와 따라 월세가 매우 다양하게 형성되어 있겠지만, 보편적인 가격으로 단순화시키면 좋다.

---

2) 집중투자를 속되게 이르는 말.

대구 경북대 인근 실평수 5평대 원룸은 월30이다. 서울 연세대 인근 실평수 5평대 원룸은 월70이다. 신축 오피스텔은 월100도 넘지만 다중주택, 다가구주택 원룸은 월70 정도한다고 보면 된다. '다중주택'이 무엇인지는 다음에 자세히 설명하겠다.

나의 원룸건물이 방 21개에 8억(취득세, 부동산중개수수료, 법무수수료, 수리보수비 포함)이라면 같은 규모의 연세대 인근 원룸건물은 대략 30억이 넘는다. 투자 대비 수익이 전혀 나오지 않는다.

그렇다면 왜 서울의 원룸건물 가격은 이렇게 비싼 것일까? 그 답은 바로 지가(地價)에 있다. 서울 땅값이 너무 비싸니 이것이 건물 가격에 반영되어 전체 원룸 가격이 확 뛰는 것이다.

한마디로 서울, 신촌, 대학가 원룸은 월세 수익모델로는 적합하지 않다고 생각된다. 그나마 서울대가 있는 관악구 신림동 근처는 나은 편이다.

재건축·재개발이라든지 다른 호재를 노리고 투자한다면 모르겠으나. 월세 따박 상품은 아니다. 시세차익 부동산을 노리면, 적게는 수억, 많게는 수십억의 돈이 10년 이상 물려 남은 인생이 고달파질 수도 있다. 주식에 억이 물리고 대출에 수억이 잠긴다. 매일 주식 앱의 늪에서 헤어나질 못하게 된다. 매달 몇백을 대출이자 내느라 고통받게 된다.

The Present is the Present. 현재가 선물이다. 40대 중반부터는 오늘이 행복한 삶을 사는 게 좋다. 젊어서 고생은 사서도 한다지만 40대 중반부터는 고생하면 병난다.

이제 지방 대도시로 가 보자. 지역에 있는 주요 국립대학으로 대구경북권에 경북대, 부산경남권에 부산대, 광주호남권에 전남대·전북대, 대전충청에 충남대·충북대 등이 있다. 나는 경북대를 졸업했기 때문에 경북대가 나에겐 투자 최적지다. 투자도 중요하지만 운영도 중요하다. 그 지역을 잘 알고 또 그 대학 출신이면, 여러 면에서 유리한 것은 두말할 나위가 없다.

〈경북대 근처 원룸건물〉

내가 만약 7년 내에 또 하나의 원룸건물에 투자한다면, 이번에도 경북대 근처에 투자할 것이다. 굳이 부산대 앞으로 갈 필요가 없다. 경북대 동문에 하나가 있으니, 두 번째는 정문이나 북문에 투자하는 것이 임대 측면에서 유리하다. 경북대의 동문과 북문 사이에 '텍문(테크노파크 문)'이라는 특별한 출입문이 있는데, 이곳도 관심 있게 살펴보고 싶은 지역이다.

주말이나 휴가를 활용해 대구에 갈 때마다 경북대 정문과 북문을 돌아다녀 본다. 사전에 부동산 앱으로 물건의 가격과 상태를 비교 분석한 후, 로드뷰로 건물과 주변 도로, 상권 등을 파악해 보면 좋다.

대학생 시절, 캠퍼스를 누비던 추억을 되새겨 보면서 돌아다니는 것도 참 좋은 여행이다. 어떨 땐 장소가 추억을 되살린다.

이왕 살 거면 메인게이트 바로 앞 원룸

'싼 게 비지떡.'이라는 속담이 있다. 건물도 그렇다. 실거주 주택도 그렇고, 수익형 부동산도 그렇다. 아파트도, 단독주택도, 상가도 마찬가지다. 1층 아파트를 1천만 원 싸게 분양받았는데 10년 후에는 2억 이상 차이가 나는 경우가 다반사다.

대학가 앞 원룸도 마찬가지다. 가급적 학교 출입문 앞에 있는 것을 사는 것이 좋다. 단과대학이 몰려 있는 메인게이트(main gate) 앞이면 더욱 좋다. 건물이 번듯하고 좀 큰 것이 좋다. '랜드마크 효과' 때문이다.

대학 메인게이트 앞에 있는 원룸은 골목에 있는 원룸보다 비싸다. 출입문과 멀어질 수로 가격이 싸다. 그러나 부담스러울 정도로 크게 차이나지는 않는다. 아파트 1층과 로얄층 분양가 차이 정도다. 방 수가 적은 원룸건물보다 방 수가 많은 건물이 당연히 비싸다. 건물 가격을 방 개수로 나눠 보면 큰 건물이 오히려 저렴하다. 가성비가 있다.

〈5억대 원룸/8억대 원룸/14억대 다가구주택 비교〉

원룸건물은 비싼 만큼 제값을 한다. '돈이 없으니 비싼 거 못 사지.'라고 응수할 수 있겠으나, 여기서 말하고자 하는 포인트는, 가급적이면 대학 문에서 보이는 지점, 최대한 가까운 거리의 원룸을 고르라는 것이다.

게이트에서 멀리 떨어져 있는 큰 원룸보다는 게이트에서 가까운 작은 원룸을, 게이트에서 가까운 원룸이라면 가급적 큰 원룸건물을 사는 것이 좋다. 무리하게 대출을 해서라도 큰 것을 사라는 뜻이 아니라, 대출을 조금 내는 한이 있더라도 가급적 방이 많은 원룸건물을 사라는 것이다.

정리하면, 원룸건물 구입 조건의 우선순위는 1. 대학 정문 바로 앞 2. 네모반듯한 건물 3. 규모가 큰 건물 4. 준공 연도 순이다.

2022년 3월, 이제 실행에 옮겨야겠다고 마음먹었다. 인생 첫 수익형 부동산 구입 도전!

당시 꽂힌 물건은 경북대 동문에서 걸어서 200미터 정도 떨어진 곳이었다. 골목을 한두 개 지나야 해서 체감 거리는 더 멀었다. 방 12개에 가격은 5억. 예산에 딱 들어맞았다. 돌이켜보면, 그때는 예산에 맞춰 물건을 봤다. 순진했다.

〈조건에 만족하는 경대 근처 원룸건물〉

그런데 이 물건은 낮에는 그나마 괜찮지만, 해진 후 귀가
하거나 밤에 먹을거리를 사러 편의점에 갈 때 약간 으스스
할 수도 있겠다는 생각이 들었다.

특히 여학생의 입장에선 더욱 그렇겠다는 생각이 들었다.
안심귀갓길이다 뭐다 하면서 가로등도 달아 놓고, 비상벨도 달아 놓고, 포돌이 스티커도 붙여 놨는데, 오히려 그게 더 공포심을 유발하는 것 같았다.

이곳이 우범지역이구나. 골목마다 담배 피우러 나와 있는 건장한 남학생들은 어찌 그리 많은지. 딸 가진 부모님 입장에선 정말 피하고 싶겠다는 생각이 들었다.

이런 곳에 위치한 원룸은 아무리 신축이라도, 아무리 비까번쩍해도 세놓기가 힘들다. 임대가 안 되면 공실률이 높아질 뿐만 아니라 부동산중개인에게 더 매달려야 하기 때문에 중개수수료가 올라가게 된다.

원룸촌의 법정 중개수수료는 무너진 지 오래다. 중개사 입장에서는 몇만 원이라도 많이 주는 집주인에게 잘해 주기 마련이다. 돈 앞에 장사(將士) 없다.

악순환이 반복된다. 외진 곳에 있는 원룸건물 주인이 부동산중개수수료를 10만 원 더 올린다. 이어 덜 외진 곳에 있는 원룸건물 주인도 중개수수료를 10만 원 더 올린다.

개학이 임박할수록 부동산중개인이 '갑'이 된다. 양 건물 주인을 경쟁시키고 부추긴다. 개강시즌에 각 대학 문 근처에는 부동산중개사무소에서 알바생까지 투입해 엄청난 모객 행위를 한다. 원룸촌 구석구석에 '삐끼[3]'가 진을 치고 있다.

수수료의 가격은 공실 기간이 길어질수록 공실률이 높아질수록 올라간다. 대학 출입문 입구에 있는 원룸도 영향을 받는다. 그러나 대학 출입문 입구에 있는 원룸은 직접 거래가 많이 이루어진다.

아무리 대학가 주변의 부동산중개업소라도 '랜드마크' 효과를 무시하지는 못한다. 학생이 부모님과 함께 방문하는 경우, 더구나 여학생이라면, 골목 안 외진 곳의 원룸을 추천하는 부동산중개사에게 신뢰감을 가질 수는 없다. 부모님은 촉이 좋다. 한순간에 그 중개사는 믿을 수 없는 사람이 된다. 결국 중개가 성사되지 않는다.

---

3) 호객꾼. 음식점이나 유흥업소 따위에서 손님을 끌어들이는 사람을 속되게 이르는 말.

조금 차이는 있겠지만, 대학가 원룸촌의 부동산중개수수료는 건당 30만 원에서 50만 원 정도로 전국적으로 비슷한 수준인 것 같다. 경북대 인근의 원룸 한 개당 중개수수료도 30에서 50이다.

초장기에는 한 달치 월세를 중개수수료로 받는 것이 관례였으나, 학생 수는 줄고 원룸 수는 많아져 원룸 주인 간 학생 유치 경쟁이 치열해져 지금은 최저가 30이다. 보통 40에서 많게는 50이다. 부동산중개사들은 '원래 50 받는데 특별히 40 해 준다.'는 식이다.

나도 중개인을 통해서 1층 방 하나를 월 25만 원에 놨는데 중개수수료로 40만 원을 냈다. 공실이 한 달 이상이고 수수료로 월40을 내면 집주인은 남는 게 없다.

중개수수료는 비용이다. 방이 스무 개면 연간 팔백만 원에서 천만 원이 중개수수료로 지출된다. 투자금은 원룸 주인이 대고 돈은 부동산이 번다.

원룸건물을 살 때는 이 부동산중개수수료는 고려되지 않는다. 부동산중개소에서 건물을 분석해 줄 때 이 부분은 슬며시 빼놓는다. 그래야 수익률이 높은 건물이 된다. 의도적으로 숨긴다. 부동산중개수수료를 넣으면 건물의 연간 수익률이 크게 떨어진다. 소개하는 건물을 수익이 많이 나오는 것처럼 꾸며 놓고, 손님이 사도록 현혹하는 것이다. 네이버 부동산 등 앱에 올라온 매물을 볼 때 이 부분을 잘 살펴봐야 한다.

부동산중개수수료! 원룸건물을 살 때 반드시 챙겨 보자.

가급적 네모반듯한 원룸을,
가급적 큰 원룸을

다중주택. 일반인에게는 생소한 말이다. 나도 3년 전에
는 몰랐던 용어다. 다가구주택, 다세대주택은 들어 봤어도
다중주택은 생경했다.

만약 누군가에게 '다중주택을 아느냐.'라고 물었는데 '안
다.'라고 대답한다면, 그 사람은 부동산에 일가견이 있는
사람으로 봐도 무방하다.

주택은 크게 단독주택과 공동주택으로 나눌 수 있다. 공
동주택의 대표적인 예가 아파트다. 단독주택이라 하면 우리
는 흔히 알고 있는 2층 단독주택의 모습을 떠올리게 된다.

그런데 단독주택에는 다중주택, 다가구주택이란 게 있다.

〈다중주택〉

〈다가구주택〉

〈다세대주택〉

보통 우리는 다가구주택과 다세대주택을 비교하곤 한다. 다세대주택은 각 호실 단위로 개별 등기하는 빌라주택 같은 것이다. 건물의 이름이 주택의 성격을 결정짓는 것은 아니나, 대체로 ○○빌라라고 적힌 건물에 여러 세대가 있는데 각각 세대(호실)별로 주인이 있는 주택을 말한다.

다가구주택은 그 건물 전체가, 주인이 한 사람이라고 보면 된다. 물론 공동 등기하는 경우가 있겠지만, 대체로 호실이 층마다 몇 개씩 있더라도 그 건물은 통으로 주인이 하나다.

1층이 5~8대 규모의 주차장(필로티 형태)이고 2, 3, 4층이 주택인 육면체 건물이 다가구주택이다. 등기부등본이나 건축물대장에 단독주택(다가구주택) 이렇게 기재되어 있다. 보통 4층에는 주인 세대가 거주하며 2, 3층은 원룸, 투룸, 쓰리룸으로 구성되어 있고 그것을 임대해 수익을 낸다.

다중주택은 독특한 주택 형태이다. 등기부등본이나 건축

물대장을 보면 단독주택(다중주택) 이렇게 적혀 있다.

내가 2년 전 구입한 원룸건물을 예로 들어 보면, 총 3층 건물인데 대지 58평, 건축면적 33평, 연면적 99평, 층당 5평형 방 7개, 총18호실(21룸)이다. 주차장은 3대.

각 호실 내부는 혼자 자취하기에 적합한 구조로 되어 있다. 전용 욕실이 있고 방에는 싱글 침대와 책상, 책장, 옷장, 소형냉장고, 소형드럼세탁기가 있다.

집을 건축할 때 가장 중요한 문제가 법정(法定) 주차면수다. 이것이 우리가 다중주택에 주목해야 하는 이유다. 같은 3층짜리 건물이라도 다중주택은 방을 많이 넣을 수 있다. 직장인이나 학생이 저렴한 비용으로 자취하는 공간이다. 우리가 알고 있는 고시원은 상가 건물에 만들어 놓은 다중이용시설이다.

세입자 입장에선 고시원이 제일 열악하다. 다중주택이 그나마 살 만하고 다가구주택이 제일 살기 좋다. 월세도 결국 방의 상태와 거주 환경에 따라 가격이 매겨진다. 고시원:다중주택 원룸:다가구주택 원룸, 이렇게 비교해 봤을 때, 서울은 40:60:80, 대구는 25:30:40 정도라고 보면 된다. 원룸, 서울 4.6.8, 지방도시 2.3.5 이렇게 머릿속에 넣어 놓자.

이에 비해 다가구주택은 거실·주방이 정식으로 딸린 제대로 된 독립주택이다. 다중주택은 방에 취사시설을 설치할 수 없다. 공동취사를 해야 한다.

그러나 현실은 다중주택의 원룸에도 대부분 간이 취사시설(하이라이트, 인덕션 등)을 설치한다. 학생들이 개별 취사시설이 없는 곳엔 잘 입주하지 않기 때문이다.

다가구주택은 가구별로 그야말로 어엿한 주택이기 때문에 가구 면적에 따라 주차면을 설치해야 한다. 최대한 많은 호실을 짓기 위해 주차공간을 억지로 만들어 놓은 경우가 많다.

기둥과 기둥 사이에 공간도 거의 없는데 주차선을 그어 놓았다. 이게 주차장인가 싶을 정도다. 차를 대고 나면, 운전석에서 내릴 수가 없다. 공간을 절약하기 위해 2개의 주차면이 앞뒤로 포개져 있다.

주차면과 방을 최대한 욱여넣어 건물을 짓는다. 준공 허가를 받은 후, 주차장을 불법으로 개조해서 사무실을 만드는 경우도 비일비재하다. 그래서 단독주택지는 주차난이 심각하다.

그럼 다중주택과 다가구주택 중 어느 것이 월세 수익에 유리할까? 서로 일장일단이 있기는 하나 대학가 주변은 다중주택이 유리한 편이다.

요즘은 월세를 더 내더라도 다중주택보다 번듯한 다가구주택에 세 들어 사는 것이 추세이기는 하나, 학생 한 명이 독립적으로 자취할 수 있는 다중주택의 원룸이 '가성비' 측면에서 상당히 유리하다. 대학가 주변의 고시원은 예전에는 성행했었는데, 지금은 다중주택 원룸에 의해 거의 사라

졌다. 고시원과 다중주택의 월세가 거의 같기 때문이다. 현재 경북대 인근 고시원이 월25~30이라면 다중주택 원룸은 월25~35 수준이다.

다가구주택은 주로 도시가스난방이기 때문에 다중주택에 비해 겨울에 더 따뜻하고 쾌적하다. 다중주택은 취사시설을 공동으로 해야 하는 법규 때문에 통상 도시가스를 넣지 않고 모든 냉난방을 전기로 한다. 이것도 장단점이 있다.

전기난방은 아무래도 방이 춥다. 외풍이 있다. 방안의 습기도 잘 말리지 못한다. 자취하는 학생들의 옷에서 간혹 꿉꿉한 냄새가 나는 이유다. 룸에서 옷을 제대로 말리고 못해서 그렇다. 일상적으로 방의 습도 또한 다가구주택의 원룸보다 높다.

요즘 학생들은 여러 명이 돈을 모아 2개 이상의 방이 있고 독립된 거실이 있는 다가구주택을 임대해 자취하는 경우도 많다. 그런데 다중주택도 투룸, 쓰리룸 구조를 갖고 있는 경우도 많다.

나의 집도 한 개 층에 원룸 5개, 투룸 1개가 있는 구조다. 원룸, 투룸, 쓰리룸…. 우리가 생각하는 원룸·투룸·쓰리룸과 부동산중개인이 말하는 것에 조금 차이가 있다. 부동산중개소 입구 유리벽에 매물 광고를 볼 수 있다. 만약 '쓰리룸 500/50' 이렇게 적혀 있다면, 그것은 두 명이 거주할 수 있는 방이다. 방 2개, 주방·거실 1개, 욕실 1개, 이렇게 구성되어 있다고 보면 된다.

방이 두 개라 투룸, 세 개라 쓰리룸이 아니다. 투룸은 거실이 없이 방이 두 개 붙어 있거나 거실 한 개, 방 한 개가 있는 구조를 말한다. 쓰리룸은 방 두 개, 거실 한 개가 있는 구조다. 분리형 원룸 또는 1.5룸이라고 불리는 원룸은 방과 주방이 미닫이문으로 구분되어 있는 구조를 말한다. 원룸 자취방은 1.5룸이 보편적이다. 방과 주방·욕실이 구분돼 있는 것을 학생들이 선호하기 때문이다.

2025년은 다중주택에서 다가구주택으로

2024년 6월, 에어비앤비에서 한국 호스트들에게 공지 하나를 띄웠다. 2025년 말까지 현재 에어비앤비에서 호스트로 영업을 하는 사람은 정식으로 관계 당국의 영업허가를 받아 허가증을 제출하라는 것이다. 안 그러면 호스트 계정을 폐쇄하겠다는 것이다.

〈에어비앤비 공지 내용〉

영업신고 정보 및 영업신고증 제출 의무화 계획에 대한 안내

안녕하세요.

2024년 말부터 에어비앤비를 이용하는 숙소들에 대해 관련 법규에 따른 영업신고 정보 및 영업신고증 제출이 의무화될 예정입니다. 이미 에어비앤비 플랫폼을 이용하시고 계신 숙소의 경우도 2025년 말까지 관련 자료를 제출해야 합니다.

앞으로 관계 당국의 절차를 거쳐 적법하게 영업신고를 마친 숙소에 한해서만 에어비앤비 플랫폼을 이용할 수 있게 됩니다. 해당 정책의 적용은 아래와 같이 두 단계에 걸쳐 이뤄집니다.

에어비앤비에 처음으로 등록하는 숙소에 대해서는 2024년 말부터 영업신고 정보 및 영업신고증을 제출하는 경우에만 에어비앤비에 숙소를 등록할 수 있게 됩니다.

이미 에어비앤비 플랫폼에 등록되어 운영 중인 숙소의 경우에는 바뀐 정책에 대한 준비를 충분히 하실 수 있도록 2025년 말까지 관련 자료를 받을 예정입니다. 해당 기한까지 영업신고 정보 및 영업신고증을 제출하지 못할 경우, 해당 숙소는 에어비앤비에서 삭제될 예정입니다.

에어비앤비에서 발표한 내용의 전문은 여기에서 확인하실 수 있습니다. 위 정책의 적용 시점 및 등록 방법에 대해서는 추후 업데이트 될 예정입니다.

에어비앤비 도움말 센터의 한국에서 책임감 있는 호스팅하기 페이지에 방문하시면, 업데이트 될 정책 및 한국에서의 규정 및 허가에 대한 일반적인 정보를 찾아보실 수 있습니다.

감사합니다.
에어비앤비 드림
Airbnb Ireland UC
8 Hanover Quay,
Dublin 2, Ireland

그야말로 날벼락이다. 한국에서는 영업허가증 없이 단독
주택이나 오피스텔, 아파트 등에서 에어비앤비를 통해 공
유숙박 영업을 하는 것은 불법이다.

본인 소유의 집이라면 2026년부터 에어비앤비를 안 하
면 그만인데, 임대한 건물에서 에어비앤비로 돈을 버는 사
람은 지금 패닉 상태일 것이다.

왜냐하면 임대계약 종료 시점에 에어비앤비를 접어야 하
거나, 2026년 이후까지 임대계약이 돼 있다면 상당한 손
실이 예상되기 때문이다.

앞으로 다중주택은 에어비앤비를 할 수 없다. 도시에서 합법적으로 에어비앤비 영업을 하기 위해서는, 유일한 방법이 외국인관광도시민박업(줄여서 외도민) 허가증을 받는 것인데 다중주택은 이에 해당되지 않기 때문이다.[4]

대학 근처나 도심지 역세권 근처의 다중주택 주인은 2026년부터는 에어비앤비 호스트가 될 수 없다.

우리가 한국에서 에어비앤비 영업을 하려면, 외도민 허가를 받아야 한다. 아파트에서도 허가를 받을 수는 있는데 주민 동의가 쉽지 않다. 동의를 받아야 하는 주민의 수도 많을 뿐만 아니라 아파트관리사무소, 심지어는 입주자대표회의의 허락을 받아야 할 수도 있다. 특정 아파트 엘리베이터에 외국인관광객들이 여행가방을 끌고 들락거리는 것을 이웃 주민들이 원치 않는다.

다세대주택 또한 주민 동의가 쉽지 않다. 전형적인 2층

---

4)   그 외에 농어촌에서는 농어촌민박업, 법규에 부합하는 한옥이 있다면 한옥체험업이 가능하다. 이 사업은 우리가 은퇴 후에 하기에는 제약이 많기 때문에 쉽지 않다.

단독주택에 사는 주인은 연령대가 높은 어르신들이 많기 때문에 에어비앤비를 모른다.

현실적으로 다가구주택이 유일한 해답이다. 다중주택을 다가구주택으로 용도 변경 또는 기재 변경할 수 있다면 가장 좋은 방법이다.

2025년 상반기는 대학가주변의 다가구주택이 에어비앤비를 하고자 하는 사람들의 주요 타깃이 될 것이다. 제약이 있긴 하다. 외국인관광객도시민박업을 하려면 그 집에 전입신고를 하고 살아야한다. 한국 가정의 문화를 체험할 수 있도록 숙식을 제공하는 업이기 때문이다. 현행법이 그렇다.

〈관광진흥법 외국인관광객도시민박업 관련 조항〉

관광진흥법 시행령

제2조(관광사업의 종류) ① 「관광진흥법」(이하 "법"이라 한다.) 제3조제2항에 따라 관광사업의 종류를 다음 각 호와 같이 세분한다.

1. 여행업의 종류

2. 호텔업의 종류

3. 관광객 이용시설업의 종류

바. 외국인관광 도시민박업: 「국토의 계획 및 이용에 관한 법률」 제6조제1호에 따른 도시지역(「농어촌정비법」에 따른 농어촌지역 및 준농어촌지역은 제외한다. 이하 이 조에서 같다.)의 주민이 자신이 거주하고 있는 다음의 어느 하나에 해당하는 주택을 이용하여 외국인 관광객에게 한국의 가정문화를 체험할 수 있도록 적합한 시설을 갖추고 숙식 등을 제공(도시지역에서 「도시재생 활성화 및 지원에 관한 특별법」 제2조제6호에 따른 도시재생활성화계획에 따라 같은 조 제9호에 따른 마을기업이 외국인 관광객에게 우선하여 숙식 등을 제공하면서, 외국인 관광객의 이용에 지장을 주지 아니하는 범위에서 해당 지역을 방문하는 내국인 관광객에게 그 지역의 특성화된 문화를 체험할 수 있도록 숙식 등을 제공하는 것을 포함한다.)하는 업.

1) 「건축법 시행령」 별표 1 제1호가목 또는 다목에 따른 단독주택 또는 다가구주택.

2) 「건축법 시행령」 별표 1 제2호가목, 나목 또는 다목에 따른 아파트, 연립주택 또는 다세대주택.

사. 한옥체험업: 한옥(「한옥 등 건축자산의 진흥에 관한 법률」 제2조제2호에 따른 한옥을 말한다.)에 관광객의 숙박 체험에 적합한 시설을 갖추고 관

광객에게 이용하게 하거나, 전통 놀이 및 공예 등 전통문화 체험에 적합한 시설을 갖추어 관광객에게 이용하게 하는 업.

4. 국제회의업의 종류
5. 유원시설업(遊園施設業)의 종류
6. 관광 편의시설업의 종류

다가구주택을 임대해서 외도민업을 하려면 임대기간 동안만 할 수 있기 때문에 이 또한 제약이다. 다가구주택을 사려면 경북대 인근만 해도 10억 원이 훌쩍 넘어선다. 보통 15억대다.

다가구주택은 주차면수 때문에 다중주택에 비해 대지면적이 넓고 건물도 크다. 그것보다 좀 작고 저렴한 다중주택은 다가구주택으로 변경하기가 만만치 않다. 가구 수 대비 주차면수가 나오지 않는다.

2026년 1월 1일, 에어비앤비 호스트를 유지하는 다가구주택 주인은 그야말로 위너다. 오피스텔, 아파트[5], 다중주택, 다가구주택 등에서 에어비앤비 공유숙박업을 하는 사람 중 적어도 80% 이상 계정이 폐쇄될 것이다. 이 빙하기에 살아남는 자가 승리자다. 예약이 몰릴 것이고, 공실이 없을 것이다. 숙박요금을 높게 책정할 수 있을 것이다.

대학가 원룸촌 부동산중개수수료 횡포에서 해방되고 월세30이 60이 되는 방법이 에어비앤비다. 그러기위해서는 외국인관광도시민박업 영업허가를 받아내야 한다. 2025년 키워드는 당연 '외도민'이다. 2025년 말까지 원룸 시장에서 외도민 영업허가증을 얻는다면 금광을 얻는 것과 같다.

외도민업 허가를 담당하는 부서는 관할구청 관광진흥과다. 입법 취지가 관광진흥이 목적인데 주객이 전도되어 가

---

5) 에어비엔비에 올라와 있는 아파트의 경우, 소형 아파트를 임대해 영업을 하는 경우가 많다. 에어비앤비에 들어가서 검색을 해 보면, 공항 근처나 종합대학교 주위의 아파트가 통으로 나와 있다. 월150만 원 정도. 1박에 5만 원 정도다. 만약 당신이 소형 아파트로 에어비앤비 사업을 시도한다면, 공항 근처나 대학 근처, 서울역과 신촌역 사이의 역세권 등 외국인관광객(또는 교환학생)의 수요가 충분히 있는 곳을 찾아 도전하면 좋을 것 같다.

급적 영업 허가를 규제하려는 공무원이 있다. 공무원은 규제 위에 군림한다. 구청에 따라, 담당 공무원의 스타일에 따라 이것저것 트집 잡고 깐깐하게 굴 수도 있다. 대비해야 한다.

최대한 담당자가 원하는 대로 서류를 준비해 가야 한다. 보완하라면 보완하고 수정하라면 수정해야 한다. 허가를 못 받으면 나만 손해다.

외도민업을 하려면, 1. 연면적 230제곱미터(69.5평) 이하의 다가구주택으로 2. 건물 내 거주민의 동의를 다 받아야 하고 3. 직접 그곳에 거주(전입신고)해야 하며 4. 알맞은 사업계획서를 내야 한다.

전기의류건조기와 냉온수정수기

자취하면 가장 불편한 점이 무얼까? 나는 빨래 건조와 마실 물을 첫 번째로 꼽고 싶다. 만약 당신이 자취 생활을 해야 한다면 어떤 원룸을 구할까? 만약 원룸에 전기의류건조기와 정수기가 설치되어 있는 곳이 있다면 어떨까? 특히 부모님 입장에선 어떨까? 당연히 다른 원룸보다 우선순위로 삼을 것이다.

경북대 동문의 원룸건물을 시자마자 거주 학생들에게 문자를 보냈다. 내가 이 건물을 인수하게 되었고 경북대 출신이고 이 근처에서 자취를 했었다고. 불편한 점이 있으면 언제든지 얘기를 하고 고향에 계신 부모님께도 대신 인사 전해 달라고.

이 문자를 통해 나는 학생들에게 두 가지 효과를 얻을 수
있었다. 첫째, 학교 선배님이 건물주가 됐으니 마음이 놓인
다. 둘째, 원활한 소통이 가능하겠고 불편한 점을 편하게
얘기해도 되겠다.

〈전기의류건조기와 냉온수정수기〉

그러곤 며칠 후 나는 학생들에게 일일이 전화를 했다. 뭐
불편한 거나 필요한 거 없냐고. '실내에서 빨래를 말리니 잘

안 마르고 오래 걸리고 냄새가 난다.' '매번 생수를 시켜서 먹는데 돈이 들고 분리수거도 번거롭다.'

나는 바로 전기의류건조기 두 대를 구입해서 4층 공용 공간에 설치했다. 그리고 냉온수 정수기도 한 대 설치했다. 방에 전자레인지가 있는 곳도 있고 없는 곳도 있어서 괜찮은 성능의 공용 전자레인지도 의류건조기 상판 위에 설치했다. 반응은 폭발적이었다.

나는 이미 자취 경험이 있어 빨래 건조와 식수 문제가 가장 중요하다는 걸 알고 있었다. 하지만 내가 건조기와 정수기를 임의로 설치했다면, 학생들이 그다지 고마워하지 않았을 것이다. 고객인 학생들에게 직접 전화해 의견을 물어보고 요구사항을 즉각 반영했기 때문에 효과가 배가 됐던 것이다.

전기의류건조기의 반응이 뜨거워 한 대를 더 설치했다. 전자레인지는 순차적으로 모든 호실에 새 제품을 넣어 주었다.

의류건조기 옆에는 섬유 유연제 시트를 사다 두었다. 건조기 돌릴 때 한 장씩 넣어 쓰라고. 그리고 빨래를 안고 다니다 흘리는 경우가 있어 플라스틱 빨래통을 세 개 비치하였다. '공용: 사용 후 제자리에…'라는 문구를 써 놓았더니 모두들 제자리에 잘 갖다놓았다.

옥상 건조대에는 햇살이 쨍쨍할 때, 이불이나 두꺼운 외투를 말리면 좋다. 햇살만큼 좋은 살균건조기는 없으니까.

내의, 수건, 티셔츠, 양말 등은 자주 빨아야 하고 또 빨리 입어야 하기 때문에 그때그때 세탁하고 건조할 수 있어야 한다. 의류건조기는 세탁기 이상의 생활 혁명이다. 가정집에 건조기가 있는 집과 없는 집은 70년대에 세탁기가 있는 집과 없는 집의 차이만큼 크다.

정수기 설치 효과도 상당했다. 우선 주머니 사정이 뻔한 학생들에게 생수 값은 큰돈이다. 또한 학생들이 생수를 쿠팡 등에서 대량으로 시키기 때문에 복도에 생수 박스가 즐비해 보기에도 좋지 않고 지나다니는데도 걸리적거린다.

룸이 좁아 안에 둘 수도 없다. 공병 분리배출도 번거로운 일이다.

안 그래도 플라스틱 쓰레기가 넘쳐 나는 세상인데 생수병까지 쌓아 놓으면 집 앞 분리수거장도 많이 지저분해진다. 공용 정수기 설치로 학생들 돈이 굳고 집이 깨끗해진다. 일거양득이다.

전기의류건조기와 냉온수정수기를 설치하고 나니 나의 집에 거주하는 학생들이 주위의 친구들에게 홍보를 해 줘서 그 친구들이 나의 집으로 오기 시작했다. 원룸 사업의 핵심은 부동산중개수수료를 줄이는 것인데, 건조기와 정수기 설치로 중개수수료 몇백만 원을 아낄 수 있었다.

수수료는 중개사에게 주고 나면 공중으로 날아가 버리는 돈이지만, 건조기와 정수기는 내 집의 인프라고 자산이 된다.

원룸을 임대하고 나면 전등이나 건전지는 소모품이라 세

입자에게 부담시키는 경우가 많다. 그러나 나는 2층 복도 입구 여유 공간에 사물함을 삼단으로 설치하고 그 안에 필요비품을 넣어 두었다.

제일 위 칸 즉, 3층에는 종류별 전구, 건전지, 에어컨리모콘, 노트북용 랜선, 콘센트. 두 번째 칸엔 각종 공구류. 제일 아래 칸엔 방충망 보수 키트, 모서리쿠션, 드럼세탁기용 세제, 섬유유연제시트 등을 넣어 놨다.

그리고 제일 위 칸 단상에는 모기살충제, 바퀴벌레살충제, 구급약통을 잘 보이도록 진열해 놓았다. 천 원이 아쉬운 학생들에게 이런 것들을 각자 해결하도록 하는 것은 비효율적이고 또 낭비다.

〈공용공간 비품〉

딸 가진 부모 마음

나는 아들이 둘이라 딸 둔 부모의 마음을 잘 모른다. 상상은 간다. 얼마나 애지중지 노심초사하며 키웠을까? 이런 딸을 자취시키는 부모의 마음은 오죽할까?

원룸 임대 사업을 하려면 딸 가진 부모 마음으로 해야 한다. 전기의류건조기를 설치하게 된 가장 큰 이유가 여학생 때문이었다. 남녀가 같이 생활하는 자취방 옥상에, 여학생이 자기 옷을 널어놓기가 꺼림칙할 것이다. 남학생이든, 여학생이든 간에 옥상 빨랫줄에 빨래를 널어놨는데, 수업 중에 비라도 만나면 어쩔 도리가 없다. 낭패다.

만약 당신이 지금 원룸 임대 사업을 고려하고 있다면, 여학생 선호 원룸을 사야 한다. 여학생 선호 원룸을 만들어 가야 한다. 원룸 구입 일 순위는 학교 문 바로 앞, 귀갓길이 무섭지 않고 환한 곳이다. 원룸에 여학생이 많아지면 남학생도 많아진다. 공실이 없어진다.

1층은 외국 학생, 2층은 남학생, 3층은 여학생 이렇게 구분해서 채우면 이상적이다. 외국 학생은 우리처럼 1층을 꺼리지 않는다. 1층은 한국 학생들과 부모들이 꺼리기 때문에 30만 원짜리는 25만 원으로 내려야 겨우 임대할 수 있다. 외국 학생은 1층을 꺼리지 않기 때문에, 잘 홍보하면, 보증금 없이 월40 이상 받을 수도 있다.

중국 학생이나 인도 학생은 상대적으로 룸을 험하게 쓴다. 온갖 향신료로 음식을 해 먹는다. 방에 냄새가 밴다. 유럽 학생은 상대적으로 양호한 편이다. 프랑스 학생은 좀 시끄러운 편이고 담배를 많이 피운다. 독일 학생은 공동생활 수칙을 잘 지키고 매사에 실용적이다.

내 원룸이 위치나 시설 면에서 또 운영 면에서 좋다고 소문이 나면, 외국 유학생도 과 친구들을 통해 소문을 듣고 나의 집으로 온다. 내부 시설을 편리하게 잘 해 놓으면, 한국 학생이든, 외국 학생이든 한번 들어오면 오래 산다. 다른 집보다 살기 좋기 때문이다.

외국 학생을 위해 2층 공용 공간에 점보롤 화장지 공급기(디스펜서)를 두 대 설치했다. 공용 우산도 비치해 놓았다. 우산은 집에 있는 것 중 안 쓰는 것을 가져다가 꽂아 놓았다. 'COMMON USE: In place after use'라고 써 붙여 놓았다.

외국 학생은 아무래도 한국어에 서툴고 지리로 밝지 않기 때문에 주눅이 들어 있다. 우리도 외국에 가면 그렇지 않은가? 그들을 위해 급할 때 쓰라고 대용량 화장실 휴지를 달아 놓고, 비 올 때 일부러 편의점에서 돈 주고 우산을 사지 말라고 공용 우산을 설치해 놓은 것이다.

한국 학생들도 이것을 유용하게 쓰고 있다. 방에 화장실 휴지가 똑 떨어졌을 때, 한밤중에 사러가기도 그렇고, 없으면 살짝 난감하다. 휴지를 인터넷으로 주문하거나 근처 다이소에서 사기 전까지 편하게 쓰라는 뜻이다. 넘쳐 나는 게 우산이라 자기 방으로 가져가도 되고, 가지고 나갔다가 잃어버려도 된다. 또 채워 놓으면 되니까.

그런데 여기서 재미있는 것은 우산이 줄지 않고 계속 늘어난다는 점이다. 학생들이 밖에서 소나기를 만나거나 하면, 어쩔 수 없이 편의점에서 우산을 사야 한다. 그것을 집까지 쓰고 와서는 공용 우산대에 꽂아 놓는다. 오병이어[6](五餅二魚)가 따로 없다. 지금은 우산꽂이도 만실이다.

대학가 원룸은 좁다. 어거지[7]로 룸을 욱여넣은 곳이 다중주택 원룸이다 보니 방도 작고 수납공간도 적다. 그러다 보니 개인 우산을 둘 곳도 마땅치가 않다. 안에 둘 수 없으니 현관 문고리에 걸어 둔다.

---

6) 예수님의 기적 가운데 하나로, 예수님께서 빵 다섯 개와 물고기 두 마리로 오천 명의 군중을 먹였다고 전해진다.

7) 방언. 억지. 어감을 살리기 위해 방언을 썼다.

내가 이 건물을 처음 구경했을 때, 호실마다 문고리에 하나같이 우산이 걸려 있길래 '뭐지? 트렌드인가?'라고 생각했다. 건물 인수 후, 나는 복도 벽에 호실 숫자만큼 개인 우산을 걸 수 있는 접착식 고리를 달아 놨다. 개인 우산은 편의점 우산보다 좋은 우산일 것이다. 공용 우산은 2층 입구에 있으니 1, 3층에 사는 학생은 2층에 우산 여분이 있는지도 가늠하기 어렵다.

〈복도 개인 우산걸이〉

나는 층마다 복도 벽에 우산을 걸 수 있는 후크를 붙여 놓고 호실 번호도 적어 놨다. 그렇게 해 놓으니 미관상으로도 좋고 학생들도 현관문을 열고 닫을 때마다 우산 때문에 성가시지 않아서 좋다.

악마는 디테일에 있다는 말이 있는데, 나는 천사도 거기에 같이 산다고 생각한다. 사실 원룸 임대업에 있어서는 디테일이 천사다.

원룸을 사서 대충 운영하거나 안일하게 대처하면 공실로 직결된다. 결국 부동산중개인에게 점점 의지하게 된다. 수익이 연 오백에서 천만 원 가까이 줄게 된다.

원룸건물 운영 면에서 '면밀'함은 정말 중요하다. 딸 가진 부모 마음으로 세밀하게 생각하고 꼼꼼하게 준비해야 한다. 사소한 것이라도 자취하는 학생 입장에서 미리 사다 줘야 하고, 원하는 것은 즉각 비치해 줘야 한다. 심지어는 순간접착제와 분리수거용 투명비닐봉지마저도.

공용 공간에 최대한 학생들을 위해 세심하게 비품을 준비해 주자. 학생들에게 비품 10만 원을 투자하면, 중개수수료 100만 원이 굳는다.

골프보단 테니스

  윤택한 노후생활을 영위하기 위해서는 품위유지비가 있어야 한다. 품위유지비가 없다면, 노후생활이 생존과 다를 바 없다. 주거비, 식비, 전기 · 수도 · 통신비(이하 관리비), 의료비 등을 합친 비용이 기초 노후생활비다. 자가 주택이 있다면 식비, 관리비, 의료비가 최소 노후생활비가 된다. 옷은 거의 사 입지 않게 된다. 의식주 중에 '식'만 존재한다.

  우리나라에서 은퇴한 노부부가 기본적인 생활을 하려면 부부 합산 월 200만 원 정도가 필요하다고 생각한다. 어디 지역에 사느냐에 따라 생활비가 조금 달라지기는 하겠지만 대체로 월200이면 그럭저럭 기본 생활은 가능하다고 본다.

이 돈으로는 품위유지는 꿈도 못 꾼다. 품위유지비란 취미생활, 운동, 대외활동비, 손자손녀 용돈 등에 들어가는 비용이다. 돈이 거의 들지 않는 등산이나 독서, 넷플릭스·유튜브 시청 등이 있겠지만 보통 여유가 좀 있으면 골프를 즐긴다.

골프는 사실 스포츠라기보단 레저에 가깝다. 골프 자체로 운동 효과를 보려고 하기 보다는 골프를 부상 없이 잘 치기 위해서 다른 체력증진 운동을 반드시 병행해야 한다.

나이를 먹어 가면서 근력과 유연성이 점점 떨어지는데 골프만 주구장창하면 몸에 해롭다. 삐딱한 자세의 운동이라 허리에도 좋지 않고, 뼈에도, 관절에도 좋지 않다. 노년에 부상 없이 골프를 즐기려면, 근력 운동을 꼭 병행하시라는 조언을 드린다.

나는 오 년 전, 우연한 기회로 테니스를 시작했다. 테니스를 접한 것이 내 인생의 가장 큰 행운이다. 운동 효과도 좋을 뿐만 아니라, 돈도 적게 들고 보기에도 건전하다. 지금은 국회테니스회, 대학테니스회, 회사테니스회, 지역테니스회, 동문테니스회 등 다섯 곳에 가입돼 있다.

이 중 국회테니스회와 지역테니스회에서 활발히 활동 중인데 주중에는 퇴근 후 국회테니스회에서, 주말에는 대방테니스장에 있는 지역테니스회에서 열심히 하고 있다. 국회테니스회 활동은 업무의 연장이라 더욱 좋다.

나는 운동하는 것을 좋아하는 편인데, 그중 테니스가 가장 매력적인 운동이다. 야외에서 하기 때문에 비타민D를 충분히 생성할 수 있고, 사분의 사박자 리듬으로, 나비처럼 좌우로 앞뒤로 뛰어다니면, 무릉도원이 따로 없다. 조심해서 치면, 관절에 크게 무리가 가지도 않는다.

모든 운동은 본인의 체력과 능력에 맞춰서 하면 부상을 방지할 수 있다. 테니스, 배드민턴, 골프, 마라톤, 자전거 등 무슨 운동이든 무리하게 욕심내서는 안 된다. 특히 노년기에는 부상을 입으면 회복도 늦고 건강이 악화된다.

골다공증이 있는 경우, 돌이킬 수 없는 지경에 이를 수도 있다. 노인들이 화장실에서 넘어져 골반이나 허리를 다쳐 몸져눕는다. 걷지도 못하고 병상에 누워 고생하다 쓸쓸한 죽음을 맞이하게 된다. 무리하게 운동하다 넘어지기라도 하면 큰 일 난다. 조심 또 조심하자.

테니스가 좋은 이유는 품위유지비가 거의 안 들기 때문이다. 테니스를 치기 전에는 노후 골프비용으로 월 100만 원을 잡아놨었다. 그 비용을 월 1회 30으로 줄여 놨다. 계획상 그렇다. 이 비용도 절감될 수 있다.

사실 테니스를 시작하고부터는 골프를 치고 싶다는 생각이 거의 나지 않는다. 월 1회를 잡아 놓은 것도 자의에 의해 가려는 것이 아니라, 동문이나 친구들이 가자고 할 때 가기위한 것이다. 내가 골프를 하는 이유는 사회생활과 네트워크 때문이다.

골프 라운딩 한 번에 최소 30만 원에서 40만 원 정도 깨진다. 이에 비해 테니스는 매일 쳐도 월 20만 원이 채 들지 않는다. 한 개의 동호회를 가입했다면 월 10만 원으로도 가능하다. 월회비 5만 원, 이것저것 들어가는 비용 5만 원 정도 잡으면 된다. 분기에 밥값이라도 한 번 낼 의사가 있으면 월20 정도 잡으면 된다.

나는 은퇴 후에는 국회테니스회와 지역테니스회 이렇게 두 곳에서 계속 활동하려고 한다. 테니스 비용으로 월 30만 원을 책정해 놓았다.

우리가 정기 건강검진을 받아 보면, 꼭 이런 질문이나 조언을 접하게 된다. 하루에 30분 이상 땀에 흠뻑 젖을 정도로, 테니스 · 배드민턴 같은 격렬한 운동을 하는가? 이런 운동을 주 몇 회 이상 하는가? 브로슈어에 테니스 치는 그림까지 상세히 넣어 놓았다. 그만큼 테니스가 건강에 좋다는 뜻이다. 병원도 인정, 의사도 인정하는 운동이다.

테니스, 배드민턴, 스쿼시, 자전거, 수영 등 무슨 운동이든 한 살이라도 젊을 때 제대로 배워 둘 것을 추천한다. 노후 건강을 챙길 수 있는 정말 좋은 운동들이다.

백 세 시대에 백 세까지 사는 것이 중요한 게 아니라 노후에 병치레하지 않고 건강하게 사는 것이 중요하다. 아프면서 백 세까지 살면 집안이 망한다. 중년에 열심히 일하면서 모아 놓은 돈 중 현금 일억은 입출금통장에 넣어 두고 노년에 병원비로 써야 한다.

자린고비처럼 아껴서 자식들에게 증여하지 말자. 병원비로 쓰는 것이 절세하는 길이다. 노년에 자식들이 내 병원비 내는 것보다 자식 눈치 안 보고 내 통장에서 빼 쓰는 것이 낫다. 자식들도 이 방식이 더 고마울 수 있다.

지금도 늦지 않았다. 돈을 투자해 꼭 레슨을 일 년 이상 받자. 노후에 의료비 일억이 굳는다.

여러 스포츠 종목 중 테니스가 폼도 나고 돈도 덜 드는 운동이다. 조심조심 치면 90세까지 즐길 수 있다. 차 몰고 멀리 안 가도 되고 얼마나 좋은가?

에어비앤비 200% 활용하기

앞에서도 말했듯이 외국인관광도시민박업 영업허가를 받지 않고 에어비앤비를 하는 것은 불법이다. 제주도나 부산 등 관광특구가 아닌 이상 서로 신고하고 물어뜯는 경우는 거의 없지만, 어쨌든 현행법 위반이다.

지금 서울, 대전, 대구 등 도심지에는 단독주택이나 오피스텔, 심지어 소형 아파트를 활용한 에어비앤비 공유숙박업이 성행하고 있다.

그러나 2025년 말까지 영업허가증이 있어야 에어비앤비 호스트 계정을 유지할 수 있다고 하니, 2026년 1월 1일에는 국내 일반주택의 에어비앤비 숫자는 급격히 줄어 있을 것이다.

이것이 오히려 기회일 수 있다.

나는 앞에서 원룸 임대 사업의 최적지가 '지방거점국립대'라고 강조했다. 그렇다면 반드시 이런 곳에 다가구주택을 얻어 외국인관광도시민박업 허가를 내야 한다. 허가 조건과 절차는 앞서 말한 바 있다. 다중주택을 다가구주택으로 바꾸든지, 다가구주택을 구해야 한다. 만사 제쳐 놓고 이 일부터 해야 한다.

당신이 만약 지금부터 준비해 2025년 말까지 에어비앤비 공유숙박업을 합법적으로 할 수 있게 된다면, 2026년부터는 당신은 '왕중왕'으로 올라설 수 있다. 이를 숙박업이라 하든, 임대업이라 하든, 월세 장사라 하든 상관없다. 어차피 우리는 월 수익을 최대한 잘 내면 되는 것이다.

이 복잡 다양한 용어를 이제 두 단어로 정하겠다. 에어비앤비사업. 에어비앤비수익.

이 두 단어가 노후 소득을 준비하는 일반 시민인 우리 입
장을 가장 명확히 설명하는 용어라고 생각한다.

에어비앤비사업으로 수익을 제대로 창출하기 위해서는
여러 가지 선행조건이 있겠지만, 일단 당신이 외도민업 허
가를 받았다고 가정하고 출발해 보자. 이때부터는 원룸 임
대 물건의 최우선 요건인 '대학 메인게이트 앞'은 덜 고려해
도 된다.

대학 문 앞 원룸은 '랜드마크 효과'를 얻으려고 하는 것이
다. 부모와 함께 온 여학생을 공인중개사의 중개 없이 직접
임대하기 위해서다. 이것은 '오프라인 영업 전략'이다.

에어비앤비사업은 '온라인 영업'이기 때문에 입지 조건의
영향을 덜 받는다. 그렇다고 해서 완전히 무시할 수는 없
다. 에어비앤비 게스트에게 별 다섯 개를 받으려면 숙소가
좋은 위치에 있어야 하기 때문이다. 숙소 위치 평가 항목이

란 게 있어서 그렇다.

각설하고, 다가구주택을 확보하여 전입신고를 하고, 외도민업 영업허가를 받고, 사업자등록을 했다고 치자.

당신이 만약 여기까지 왔다면, 당신은 황금이 묻혀 있는 금광 입구까지 온 것이나 다름없다. 더구나 오늘이 2026년 1월 1일이라면. 한국 에어비앤비 생태계에서 일반인 호스트 80% 이상이 소멸되어 있을 것이다.

땅 짚고 헤엄치기다. 그렇다고 방심하지 말자. 정신 바짝 차리고 철저하게 고객을 위해 준비하고 대응해야 한다. 명실상부 당신은 '글로벌 숙박업'을 시작한 것이다. 당신은 이제 '글로벌'이라는 수식어에 맡게 고객을 철저하게 관리해야 한다.

배민, 쿠팡잇츠의 식당주인은 별점 다섯 개에 목숨을 건다. 서비스로 새우튀김도 주고 캔콜라를 넣어 주기도 한다. 에어비앤비 호스트도 마찬가지다. 만약 게스트 한 명이 별

네 개를 줬다면, 이후 호스트가 별점 4.8점을 유지하려면, 별 다섯 개 만점을 네 명에게 받아야 한다. 고되고 힘든 일이다.

'블랙컨슈머'라도 만나면 별 두세 개는 기본이다. 이런 게스트를 만난 후 별점 4.8까지 올리려면 얼마나 많은 게스트로부터 별 다섯 개를 받아야 하나. 눈앞이 깜깜하다.

여기서 4.8은 '슈퍼호스트' 평점 커트라인이다. 별점이 10점 척도가 아니라 5점 척도라 4.8 이상을 유지하는 것은 정말 어렵다. 평가 요소가 게스트 별점만 있는 건 아니지만, 게스트 별점이 핵심 평가 지표다.

에어비앤비가 왜 노다지이고 금광일까? 방 하나에 월세가 보통 30이라고 했다. 그런데 에어비앤비를 통하면 50이 된다. 최소가 그렇다. 슈퍼호스트기 되면 60을 받아도 된다. 숙박 요금은 월 단위로 선불 입금되기 때문에 떼일 일도 없다. '에어커버' 제도가 있어서 룸 내 물건의 파손이나 훼손에 대해 피해 보상도 받을 수 있다.

에어비앤비에 지불하는 호스트 수수료는 월세의 3%다. 만약 에어비앤비로 한 학기 또는 일 년짜리 계약을 받았다면, 실제 이 건의 수입은 기존 월세수익 대비 200%에 육박한다. 건당 적개는 30만 원, 많게는 50만 원인 부동산중개 수수료에 비하면 정말 매력적이다.

당근 200% 활용하기

대한민국은 가히 중고 물건의 천국이다. 우리는 물자 풍요의 시대에 살고 있다. 신품 같은 중고가 넘쳐 난다. 좁은 집에 자리만 차지하고 있는 물건들을 처리하기 위해 주부, 학생들은 물론, 중년 아재들까지 당근 홀릭이다.

에어비앤비를 얘기하다가 왜 갑자기 당근이냐고? 에어비앤비와 당근을 결합하면 에어비앤비수익을 극대화할 수 있다. 침구류, 헤어드라이어, 전사레인지, 의자, 스툴, 심지어 전등·전구까지 당근을 통하면 자재 구입비용을 삼분의일, 많게는 십분의 일까지 절약할 수 있다.

2년 전 경대 원룸건물을 구입했을 때, 건물 내부 상태를 보고 놀랐다. 입지 조건만 보고 결정했는데, 나도 당시 초짜여서 정작 건물 내부 상태를 파악하는 눈은 없었던 것이다. 그래도 코로나 3년 바로 직후라 원룸 가격이 많이 하락해 있어서 그나마 위안이 됐다. 건물 고치는 맛도 있지 않은가?

오프라인에서 원룸 임대를 하는데 침구류, 헤어드라이어는 필요 없다. 그런데 나는 그런 물품이 왜 필요했을까? 외국인 교환학생 때문이었다. 이들은 제한된 여행 가방에 한 학기 동안 입을 옷만 가지고 오기 때문에 한국에서 자취하기 위해서는 침구류가 꼭 필요하다.

나의 원룸이 위치가 좋고 경대 학생들에게 소문이 잘 나 있었기 때문에, 학교 국제센터의 직원(조교)의 추천으로 프랑스 교환학생 두 명을 받게 되었다.

나는 그 학생에게 가급적 모든 것을 제공했다. 심지어는 세탁기 세제와 섬유 유연제까지도.

다이소에 가서 주방용품, 비누·수건, 조악한 이불·베개 등을 사는 것도 외국인에게는 상당한 노력과 에너지가 필요하다. 한 학기 공부를 마치고 고국으로 돌아갈 때는 이 것들을 다 버리고 가야 한다. 숙소에 두고 갈 수 있으면 그나마 다행이지만, 침구류에 냄새난다고 집주인이 대형 쓰레기봉투를 사서 버리라고 닦달한다. 외국 학생 입장에서는 이게 다 일이고 돈이다.

외국인 교환학생은 나의 가장 큰 고객이다. 나는 이 벽안(碧眼)의 외국인에게 정성을 다하기로 했다. 정말 진심이었다. 집에서 내가 덮고 자는 이불을 깨끗하게 세탁해 그 학생에게 주고 나는 당근에서 이불·패드·베개 한 세트 2만 원짜리 이불을 사서 덮었다. 글을 쓰고 있는 지금 내 침대에 있는 이불이 2년 전 당근에서 산 그 이불이다. 집 장롱에 여분으로 쌓여 있는 침구류는 모두 경대 원룸행이었다.

당시 방방마다 전자레인지가 있었던 건 아니라서 당근을 통해 전자레인지를 사 모았다. 개당 2에서 3만 원. 시디즈 고급 학생 의자 3만 원. 지금 경대 원룸은 모두 좋은 의자

로 다 바뀌어져 있다. 공부하는 학생이므로 가급적 편하고
좋은 의자가 필요한 건 당연하다.

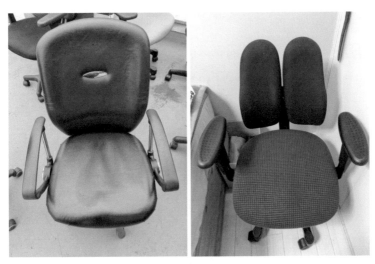

〈기존 의자/바꿔 놓은 의자〉

전등은 고장 여부에 상관없이 퇴거만 하면 LED로 다 갈
아 놓았다. 도배, 입주 청소는 물론이다. 샤워 꼭지, 욕실
수전, 세면대 배수관도 기회 날 때마다 다 갈았다. 처음엔
철물점 업자를 불러 해결했는데, 지금은 내가 직접 할 수
있는 수준에 이르렀다.

당근에서 구입한 침구류와 전자레인지, 의자가 좀 모이면, 승용차에 최대한 실어 대구 원룸으로 날랐다. 정체불명의 검은 레자피의 중국산 의자가 예쁘고 튼튼한 국산의자로 바뀌어 갔다. 침구류와 토퍼로 침대의 가치를 높여 놨다. 서울-대구를 수없이 차로 왔다 갔다 했다. 시간이 지날수록 대구 경대 원룸이 점점 달라졌다.

지금 경대 원룸은 상당히 높은 수준의 내부 시설과 비품, 청소 상태를 자랑한다. 경대 학생과 외국인 교환학생이 내 고객이기 때문에, 그들의 목소리에 귀를 기울인다. 원하는 것은 웬만하면 들어준다. 고장 난 것, 불편한 점은 고객의 예상보다 빠른 속도로 처리해 준다. 그때는 조치 비용을 아끼지 않는다. 고객 만족이 최우선이기 때문이다.

지금은 당근을 이용하지 않는다. 모든 것을 새 제품으로 구매에서 제공한다. 이세 어느 정도 수익이 나기 때문에 그만큼 재투자할 여력이 생긴 것이다. 쿠팡을 통해 자재와 비품을 구입한다. 배송 속도와 가격이 좋기 때문이다. 영업은 숫자와 매출이다. 매출은 높이고 비용은 절감하는 노력, 그게 경영의 ABC 아닌가?

이런 노력의 결과로 지금 나의 집은 외국인 교환학생 추천 숙소로 이름이 나 있다. 나는 외국인 교환학생에게 필요한 서류들이 무엇인지 알기 때문에 말하기 전에 먼저 제공해 준다.

꼭 알아 두자!

[외국인 교환학생이 필요한 서류 목록]
1. 숙소제공확인서(출입국외국인청 양식)
2. 등기부등본 또는 건축물대장(집주인임을 증명하는 서류)
3. 영문단기임대계약서(거주 계약 기간 확인)
4. 집주인 신분증 사본

쿠팡 200% 활용하기

쿠팡의 힘은 로켓배송, 새벽배송이다. 오늘 밤 자정 전까지 주문하면, 내일 새벽에 경대 원룸 1층 입구에 물건이 도착해 있다. 알라딘의 요정이다. 쿠팡의 힘은 학생들이 급히 뭔가 필요할 때다.

이런 일이 있었다. 3층에 사는 여학생이 자신의 방에서 초대형 바퀴벌레와 조우했다. 기겁을 했을 것이다. 태어나서 지금까지 살면서 처음으로 맞닥뜨린 대형 괴물체. 학생은 소리를 지르며 방을 뛰쳐나왔다. 그러고는 서울에 있는 나에게 톡을 한다. '사장님, 방에 바퀴벌레가 나왔어요. 너무 커서 어떻게 하지를 못하겠어요. ㅠㅠ'

이때 나의 대응은 어땠을까?

보통의 집주인이라면 이렇게 대답했을 것이다. '바퀴벌레도 안 잡아 봤어요?' '근처 남학생 친구에게 부탁해서 좀 잡아 봐요.' '알아서 해결하셔야 할 것 같은데…' 이 말을 들은 학생의 반응은 어떨까? '바퀴벌레 안 잡아 봤으니 연락하지.' '남학생 친구 있었으면 사장님께 연락했겠어요?' '계약 기간 끝나면 방 옮길게요.'

그 여학생은 나의 고객이다. 고객이 갑이고 내가 을이다. 나는 이렇게 대답했다. '학생, 우선 방에 들어가기 겁날 테니까 빈방을 하나 내 줄게요. 오늘은 거기서 자구요. 내가 바퀴벌레 패치랑 살충제를 바로 보내 드릴 테니까 내일 받아서 설치하세요. 혹시 바퀴벌레 또 보이면 살충제를 직사포로 한번 뿌려 보시구요. 자신 없으면 아랫방에 경영학과 남학생한테 도움 청해 볼게요. 아이고… 많이 놀랐겠어요. 미안합니다.'

그러고는 바로 쿠팡을 통해 패치와 살충제를 그 친구 앞으로 주문했다. 최소한 하루 정도 걸릴 것이라 생각했는데 다음날 아침 7시 배송이라니! 쿠팡의 힘은 대단했다. 결국 바퀴벌레는 그 이후로 보이지는 않았다. 여학생도 난생 처음 보는 괴물체이긴 하지만 한 손엔 패치를, 한 손엔 강력한 에어졸을 쥐고 있어서 자기 방에서 계속 생활할 수 있었다.

바퀴벌레도 사실 사람을 두려워한다. 그래서 전등을 켜면 부리나케 어둠 속으로 사라지는 것이다. 바퀴벌레들이 만약 사람에게 달려드는 개체였다면, 그것들은 오래 전에 사람 손에 멸종되었을 것이다. 인간의 반격 능력은 알다시피 우주 최강이다.

TMI. 며칠 후 내가 그 방을 확인하러 들어갔을 때 나는 그 바퀴벌레를 잡을 수 있었다. 바퀴벌레를 잡으려면 두 가지 전제 조건과 한 가지 요령이 있다. 첫 번째 조건은 바퀴벌레의 습성을 파악하는 일. 두 번째는 바퀴벌레에 대한 공포심을 줄이는 것이다. 한 가지 요령은 살충제의 힘을 믿는 것이다. 절대 신체접촉이나 때려잡는 일은 하지 말자. 빗맞으면 난감하고 내장 터지면 참혹하다.

바퀴벌레는 어둡고 조용할 때 스멀스멀 밖으로 나오는 습성이 있다. 따라서 바퀴벌레를 발견하기 위해서는 빠르게 방문을 열고 들어가 전등을 확 켜고 방바닥을 확인한다. 백발백중 바퀴벌레가 하이힐을 신고 뛰어가는 소리를 내며 가구밑으로 성급히 들어가는 모습을 보게 된다. 덩치가 클수록 따라라락 소리가 크게 난다. 바퀴벌레를 귀뚜라미라고 생각한다. 그러면 덜 무섭다. 놀란 가슴을 잠시 쓸어내리고 한 손에 든 살충제 분사노즐을 가구 밑의 틈으로 밀어 넣고 조준한다. 그리고 과감히 두세 차례 분사!

죽었나 살았나 확인할 필요는 없다. 전등을 끄고 방문을 닫고 나갔다가 다음 날 낮에 빗자루와 쓰레받기를 들고 방에 다시 들어간다. 방문을 열고 바닥을 확인해 보면, 바퀴벌레가 방 한가운데서 배를 드러내고 다리를 하늘로 향한 채 죽어 있다. 계속 이것은 귀뚜라미라고 생각하자. 가을 귀뚜라미 한 마리가 애석하게도 밤새 울다가 죽었다. 미안한 마음이 든다. 이제 시신을 처리하면 끝. 주택가나 대학

주변은 모기나 거미, 바퀴벌레가 많은 편이다. 혹 여러분들께도 필요할 것 같아서 알쓸신잡(알아두면 쓸데 많은 신박한 잡학지식)!

대학가 원룸 임대 사업을 2년 하고 나니 내 심성이 크게 변화하였다. 나이가 들어 감에 따라 성숙해지고 온화해지는 측면도 있겠으나, 진심으로 학생들을 생각하는 마음이 우러나왔다.

이런 일이 있었다. 2층에 사는 여학생이 방 등이 나갔다고 연락이 왔다. 보통 세입자가 방 등이나 에어컨 건전지 정도는 자체 해결해서 살아야 한다. 심지어 임대차계약서 특약에 '거주 기간 동안에 발생한 전자제품 고장 등은 원상복구한다.'라고 되어 있다.

사실 이 계약조항은 불공정하기 때문에 효력이 없다고 생각한다. 예를 들어, 원룸에 10년 된 냉장고가 있는데 고장이 나면 그게 학생 책임인가? 아니다. 그건 집주인이 고쳐줘야 한다. 학생이 일부러 고장을 내지 않는 이상 집주인이

해 줘야 한다.

방 등도 그렇다. 거주 기간 첫날, 전구를 새로 갈아 준 것
도 아닌데, 사는 동안 전구가 나갔다고 해서. 그건 세입자
가 갈아 쓰는 게 관례라는 것도 고개가 갸우뚱해진다.

나는 그 학생에게 두말 안 하고 전구를 갈아 준다고 했다.
심지어 LED 최신 등으로 갈아 주겠다 하고 전기업자에게
연락했고, 편한 날을 잡으라고 학생에게 전기기사의 연락
처도 주었다. 이런 일은 신속성이 중요하다. 내가 LED 방
등을 교체해 줄 수도 있지만, 대구에 가는 날 교체해 주려
면 일주일 이상 걸린다. 내가 갈면 만 원(등값), 철물기사가
갈면 3만 원. 이런 비용은 아끼지 않는다.

그 다음 얘기가 재미있다.

'사장님, 혹시 저번 주에 제가 음식물쓰레기를 버리려고
저희 쓰레기통을 열었는데, 다른 사람이 음식물쓰레기를
저희 통에다 버리고 간 것 같더라구요. ㅠㅠ 혹시 범인 특정

가능할까요?? 아님 경고문이라도 작성할 수 있을까요?'

　나는 이렇게 대답했다. '학생, 그랬군요. 별별 사람이 다 있어요. ㅠㅠ 주택가라 쓰레기도 마구 버리고 가서 제가 청소하시는 분한테 돈을 더 주고 수요일 오전에 따로 쓰레기 분리수거 하고 있어요. 거주 학생일 수도 있고 지나가는 사람이 그랬을 수도 있어요. 경고문은 써 붙이면 좋을 것 같은데 실효성이 있을런지는 모르겠어요. 쓰레기 무단투기 하면 100만 원 과태료 문다고 해도 버리더라구요. 날짜와 시간대를 알려 주면 CCTV 돌려 볼 수 있는데, 기간이 길면 그것도 쉽지는 않을 것 같아요. 내가 이번 주 일욜 거기에 갈 예정인데 제가 5리터 스티커 하나 드릴게요. 맘 푸세요~'

　나는 약속을 지켰다. 그 주 일요일에 대구 내려가서 5리터 배출 스티커를 그 학생 방의 현관문에 붙여 두었다. 물론 다른 볼일이 있었기 때문에 대구에 내려간 것이다. 5리터 스티커 한 장이 240원이다. 그 효과는 계약기간 일 년 연장이 될 수 있다.

2층에 사는 남학생은 최근 냉동고 문을 제대로 닫지 않아서 고장이 나 버렸다. 원룸 자취방에 들어가는 냉장고는 130리터급 소형냉장고라 모터의 출력이 약하고 센서 장치가 없어, 어쩌다 문이 조금 열려 있으면 계속 가동이 되는 경우가 있다. 그래서 과부하로 모터가 고장이 나는 것이다. 학생이 착하게도 냉동고 문을 제대로 닫지 않았다고 사실대로 말해 줬다. 나는 바로 새 것으로 바꿔 줬다. 단 하루 만에.

3층에 사는 여학생이 세탁기가 고장 났다고 연락이 왔다. A/S 기사를 부를까 하다가 2012년산이라는 얘기를 듣고 새 제품으로 바꿔 줬다. 그 학생은 나의 집에서 일 년을 살고, 일 년 반을 더 살았다.

화장실 전구 한 번 갈아 본 적이 없는 학생이 많다. 오히려 지금은 화장실 전구를 갈 줄 아는 학생이 드물다. 이런 학생에게서 화장실 전등이 나갔다고 연락이 오면 당신은 어떻게 응대할 것인가? '그것도 못 가냐?' '그건 세입자가 알아서 하는 게 맞다.' 이렇게 답할 것인가? 무조건 조치를 취

해 줘라. 다른 사람의 도움을 받든, 내가 직접 갈아 주든,
군말 말고 무조건 해결해 줘라. 광속으로.

맥가이버가 되자

맥가이버, 전격Z작전, 에어울프…. 초등학생 때는 뽀뽀
뽀, 미래소년코난, 태권브이, 마징가제트… 우리를 잠 못
들게 하고 설레게 했던 방송 프로그램들이다.

초등학생인데도 아침에 유치원생 프로그램인 뽀뽀뽀를
끝까지 보느라고 간당간당하게 교실로 뛰어 들어갔던 생각
이 생생하다. 헐레벌떡 교실 책상에 앉으면 얼굴에 온 몸에
땀이 줄줄 흘렀다. 뽀뽀뽀 덕에 유치원을 모르는 성주 촌닭
이 서울 물을 맛보게 되었을 터.

맥가이버는 미국 ABC의 TV 시리즈물을 MBC가 수입해

1985년 9월부터 방영한 첩보액션물이다. 리처드 딘 앤더슨 주연으로, 92년까지 방영되었다. 당시 중고 남학생들의 우상이자, 여학생들의 로망이었다.

이야기는 이렇다. 비밀임무를 수행하는 피닉스 재단 소속 첩보원 맥가이버가 빌런(악당)을 상대로 총이 아닌 과학 지식을 이용해 위기를 극복하고 적을 제압한다는 내용. 기존 스파이물에서 그려지던 첩보원들과는 달리 주인공이 여자 만나는 것을 쑥스러워하고, 화학이나 물리학의 기본지식을 이용해 기발한 방식으로 위기를 극복한다.

폭발적인 인기 때문에 '맥가이버'라는 고유명사가 일반명사가 되었다. '어디서든 무엇이든 척척 해냄.' 혹은 '비폭력주의'라는 뜻이다. 스위스 빅토리녹스사의 다기능칼이 '맥가이버칼'이라고 불린다.

원룸 임대업을 하려면 맥가이버가 돼야 한다. 적어도 〈홍반장〉(2004년 개봉, 주연 김주혁)은 돼야 한다. 〈홍반장〉의 부제가 재밌다. '어디선가 누군가에 무슨 일이 생기면 틀림없이 나타난다.' 내 원룸의 학생(고객)에게 무슨 일이 생기면 틀림없이 나타나서 문제를 해결해 줘야 한다.

그러기 위해서는 웬만하면 내가 자력으로 전구를 교체할 줄 알아야 한다. 내 힘으로 시멘트와 모래를 갤 줄 알아야 한다. 세면대 배수관도 교체할 줄 알아야 한다. 좌변기 저수조의 필밸브도 설치할 줄 알아야 한다.

이 모든 것이 비용 절감에 해당한다. 요즘 인건비가 워낙 비싸기 때문에 세면대 배수관 교체 4만 원, LED방 등 교체 3만 원이 기본이다. 복도나 화장실에 센서등이나 직부등을 교환해도 최소 2만 원을 줘야 한다.

대학가 원룸업을 하려면 이 정도는 다 셀프로 해결해야 한다. 어렵지 않다. 다가구주택과는 달리 다중주택은 방이 보통 15개에서 20개에 이른다. 이걸 철물점이나 전기기사에게 맡기면 비용이 상당하다. 부동산중개수수료, 원룸 수리비용 이것만 줄여도 수익률이 크게 높아진다.

〈세면대 배수관〉

〈좌변기 저수조의 필밸브〉

유튜브 검색창에 치면 수리 방법, 교체 요령이 다 나온다. 그들의 유튜브 활동명이 'ㅇ반장', 'ㅇ가이버'다. 모든 부품은 산업표준화되어 있어 규격이 같다. 코리아 스탠다드, KS마크가 그것이다. 부품은 가급적 쉽게 교환할 수 있도록 설계되어 있다. 제조업체가 일부러 부품을 교체하기 어렵게 만들 리가 없다.

내 몸에 잠자고 있는 맥가이버를 깨우자!

청소에도 일가견이 있어야 한다. 방 청소, 복도 청소, 화장실 청소, 옥상 청소, 대문 앞 분리수거… 집에서도 꺼리던 일을 솔선수범하자. 그래야 이문이 남는다.

숨은 고수

멋진 말이다. '숨고(숨은 고수의 약자)'는 일상생활에 필요한 모든 용역 서비스를 연결해 주는 앱이다. 숨고를 잘 이용하면, 원룸에 들어가는 각종 수리 · 보수 비용을 상당히 아낄 수 있다. 청소, 도배, 장판, 인테리어를 물론 다양한 수리 · 보수 서비스를 제공한다. 회사로 따지면 MRO(운영 · 유지 · 보수)를 외주화하는 것이다.

앞서 나는 맥가이버가 되자고 했다. 스스로 맥가이버가 돼야 하지만, 필요시 언제든 다른 맥가이버를 불러 쓸 수 있어야 한다. 스스로 할 수 있는 일은 최대한 자신이 하되, 고수의 도움을 받아야 할 땐 가성비 있는 숨은 고수를 발견

해야 한다.

노량진 시장에 갔을 때, 당신은 첫 집에서 주문을 하는가? 끝 집까지 가서 주문을 하는가? 보통 세 가지 유형이 있다. 첫 집에서 그냥 사는 사람, 단골집에서 사는 사람, 몇 군데 둘러보고 사는 사람. 제일 바람직한 구매자는 세 번째 사람이다. '숨고'는 세 번째 사람 같은 앱이다. 비교를 해 준다. 서비스 신청을 하면 적어도 세 군데 이상에서 견적서가 날아온다.

비교 견적이야말로 구매의 핵심이다. 이곳에서도 별점과 후기가 존재한다. 시공 경험과 금액, 업체의 별점과 후기를 보면, 딱 견적이 나온다. 처음 입점한 업체는 가격으로 승부한다. 경험이 많고 별점과 후기가 좋은 업체는 실력으로 승부한다. 가격 차이는 10~20퍼센트 정도다. 가격으로 판단할지, 실력으로 판단할지는 소비자의 몫이다.

나는 청소 같은 단순 용역인 경우에는 가격을 중심으로 업체를 선택한다. 업체 문의 시 청소의 범위와 수준을 구체적으로 요청하면 되기 때문이다. 도배나 인테리어, 방수, 전기 공사 등은 시공 경험이 많고 별점과 후기가 좋은 업체를 선택한다. 몇십만 원 아끼려다 나중에 뒷돈이 더 들어갈 수 있기 때문이다. 자칫 호미로 막을 것을 가래로도 못 막는다.

숨고나 당근, 쿠팡을 잘 이용하면 자원을 효율적으로 활용할 수 있다. 자원을 효율적으로 활용하면 비용이 낮아지고 수익이 높아진다. 이것이 매니지먼트[8], 경영의 기본인 것이다.

경대 원룸을 샀을 때, 방 청소와 도배가 가장 시급한 일이었다. 당시 나는 건물의 내부 상태를 제대로 확인하지 못하고 건물을 샀다. 그러다 보니 빈방이 생길 때마다 방을 들여다봤는데 상태가 나빴다.

비용을 아끼기 위해 처음에는 아내와 내가 직접 청소를

---

8) 기업의 관리와 운영에 있어, 각종 업무가 경영의 목적을 위하여 가장 효과적으로 이루어질 수 있도록 여러 가지 사항을 체계적이고 과학적으로 처리하는 일.

했다. 아파트나 원룸 청소는 입주 청소와 이사 청소로 나뉜다. 입주 청소는 새 아파트에 입주를 하기 위해 하는 청소다. 그래서 시멘트 먼지 청소, 도배장판 시공 후 먼지 청소, 새 아파트 냄새 제거, 이런 일들이 중요하다. 이사 청소는 화장실 때, 주방의 찌든 때, 창틀 먼지, 침대의 머리카락과 각종 먼지 등 사람이 살면서 생긴 묵은 때를 청소하는 것이 주다.

입주 청소나 이사 청소는 보통 청소 면적에 따라 비용이 책정된다. 주거 공간의 오염 정도, 즉 청소 난이도에 따라 비용이 가감된다. 원룸의 경우 8만 원에서 10만 원. 투룸이나 쓰리룸의 경우 12만 원에서 15만 원 선이다.

처음 집을 샀기 때문에, 대출도 많고 들어오는 수입도 적어 비용을 아끼기 위해 직접 원룸 청소를 했다. 5월 인수후, 8월 여름휴가를 내고 아내랑 경대 원룸 빈방에 터를 잡고, 다섯 개의 방을 청소했다. 아내는 화장실을 중심으로 나는 방과 에어컨을 중심으로 쓸고 닦았다. 원룸 거주 학생들은 자기 집이 아니다 보니 화장실과 주방을 깨끗하게 쓰지 않는 편이다. 그것이 쌓이고 쌓이다 보니 집이 묵은 때로 점점 더러워진다.

전 집주인이 건물 관리를 제대로 하지 않아서 원룸 각 호실 내부의 오염도는 심각했다. 도배도 준공 이후 한 번도 안 한 곳이 대부분이었다. 다섯 곳을 2박 3일에 걸쳐 청소를 하고 40만 원을 아꼈지만 이걸 계속하다가는 병나겠다 싶었다.

숨고에 문을 두드렸다. 신생 업체를 선택했다. 6개월 이상 거주한 곳 8만 원. 6개월 이하 거주한 곳 5만 원. 제안이 아주 합리적이었다. 보통 룸의 상태에 상관없이 8만 원을 달라하는데, 이 고수는 틈새를 공략한 것이다.

사연 없는 사람이 없다. 내가 이 신생 고수를 선택한 이유는 사연이 있었기 때문이었다. 이 분은 무역업을 하고 있는데, 코로나로 수출길이 막혀 위기에 처해 있었던 것이다. 월급 한 푼 집에 갖다줄 수 없는 형편이었다. 그래서 정장 차림으로 그랜저를 타고 회사로 출근해서는, 원룸으로 가

서 트렁크를 열어 작업복을 갈아입고 청소도구를 챙겨 시간
당 2만 원 정도의 단가로 원룸 청소를 하고 있었던 것이다.

　가족에게 명퇴 사실을 숨기고 싶어 지하철역 락카에 등산
가방을 숨겨 놓고 산으로 들로 정처 없이 떠돌다 퇴근시간
무렵 다시 환복하고 집으로 돌아간다던 우리네 사오정[9] 아
저씨.

　나보다 한 살 어린 그 사장님에게 나는 마음이 갔다. 그는
청소 학원에서 2개월 동안 교육을 받고 갓 투입된 신출이었
다. 그러나 정성을 다해 청소를 했다. 디테일이 있었다. 방
청소를 하면서 고장 난 곳, 누수된 곳, 손이 필요한 곳을 체
크해서 알려 줬다. 본인이 고칠 수 있는 것은 고쳐 놓고 알
려 줬다. 이 방 화장실에 전구가 나갔는데 혹시 사장님 전
구 여분 있으면 제가 갈아 놓을게요. 주차장 낙엽과 흙이
많이 쌓여 있는데 고압세척기로 씻어 놓을게요. 이 두 마디
에 나는 감동을 먹었다.

---

9)　사십오 세에 정년, 오십육 세까지 일하면 도둑.

나의 집은 도로 가까이에 있고 버스정류장이 코앞이라 출장이나 연수 등으로 한두 달 단기 임대 수요가 꽤 있는 편이다. 한 달 살다 나가도 5만 원으로 청소를 하게 한다. 깨끗하게 살다 간 사람의 방은 청소할 것이 거의 없다. 직장 때문에 출장을 왔거나 병원 실습, 교생 실습 등으로 연수 온 사람들은 거의 집에 머물러 있지 않기 때문에 방은 깨끗하다.

나는 5만 원으로 청소할 수 있어서 좋고, 그 고수는 그날 청소가 수월해서 좋다.

도배 가격은 천양지차다. 원룸은 비슷한데 투룸과 쓰리룸에서는 업체별로 가격 차이가 크다. 나는 숨고를 통해 가격을 비교해 본 후, 원룸에서 가까운 업체를 오프라인으로 정했다. 네이버에서 도배집을 검색한 후 괜찮다 싶은 업체에 전화해서 숨고에서 이 정도 가격인 것 같은데 같은 가격으로 해 줄 수 있냐고 물었다. 그 업체는 하겠다고 했다. 도배집을 가까운 데로 정한 이유는, 급하게 도배해야 하는 경우가 많기 때문이다. 부분 오염이 된 곳은 일부분만 도배하면 되는데 가까운 도배집이 진행 속도도 빠르고 비용도 저렴하다.

매출은 에어비앤비로 높이고 비용은 숨고, 당근, 쿠팡으로 낮추자.

두 마리의 개: 편견과 발견

〈편견과 발견〉

우리는 마음속에 두 마리의 개를 키우고 있다. 한 마리는 '편견'이고 다른 한 마리는 '발견'이다. '편견'을 키우면 '발견'이 죽고 '발견'을 키우면 '편견'이 죽는다. 당신은 '편견'을 키울 것인가? '발견'을 키울 것인가? 은유적인 표현이므로 진짜 개가 아니니 편견은 죽어도 괜찮다.

'편견'은 참 무섭다. 사람에 대한 편견으로 히틀러는 600만 유대인을 죽였다.[10] 제노포피아(Xenophobia)[11], 인종차별도 극단적 편견의 일종이다. 봄의 나이(~25세)에도, 여름의 나이(26~50세)에도 우리는 편견을 키우며 산다. 말을 배우고 사람을 사귀기 시작하면서 편견에 점점 집착하고 발견을 등한시하게 된다.

사회생활하면서, 직장생활 내내 도무지 '편견'을 버릴 수

---

10) 홀로코스트. 제2차 세계대전 당시 히틀러와 나치당이 독일군 점령지의 유대인과 슬라브족, 집시, 장애인, 정치범 등 약 1,100만 명의 민간인과 전쟁포로를 학살했다. 사망자 중 유대인은 약 600만 명으로 당시 유럽에 거주하던 유대인이 900만 명이었으므로 2/3에 해당한다.
11) 제노포피아(Xenophobia)는 외국인 또는 이민족 집단을 혐오, 배척이나 증오하는 것을 말한다. 이방인이라는 의미의 '제노'(Xeno)와 혐오를 의미하는 '포비아'(Phobia)가 합성된 말이다.

없다. 일에 대한 편견, 시스템에 대한 편견, 법규와 제도에 대한 편견, 계속 이어지는 사람에 대한 편견….

공무원인 아내는 민원인 중에 제일 무서운 사람이 70대 남성 노인이란다. 요즘은 40대 꼰대 남성도 이에 못지않단다. 일단 그들은 남의 말을 듣지 않는다. 자기 얘기만 한다. 자기가 알고 있는 것이 진리다. 그들의 공통점은 관공서에서 소기의 목적을 얻어 내지 못한다는 것이다.

사나운 대형견 '편견'을 대동하고 왔기 때문에 담당 공무원은 일을 소극적으로 처리해 준다. 공무원도 사람인지라 가급적 최대한 일이 안 되도록 질질 끌 수도 있다. 에라이, 골탕이나 먹어 봐라. '편견'을 대동하고 온 민원인은 담당 공무원에게 소심한 복수를 당하게 된다.

꼰대처럼 굴어 봐아 결국 자기 손해다. 일이 있어 관공서나 민원창구에 갔을 때는 일단 무지하고 겸손하게 보이는 것이 좋다. 무지하게 보인다는 것은 무식하게 들이대라는 뜻이 아니다. 가급적 선량하게 보여야 한다는 뜻이다. 측은

지심 유발작전! 이거 은근히 힘이 세다.

두 번째, 겸손하게 행동해야 한다. 비굴하라는 게 아니다. 내가 갑이고 고객이라도, 겸손하게 대하면 좋은 결과가 나올 확률이 높다. 소리 지르고 따지고 윽박질러 봐야, 상대방도 산전수전 다 겪은 '선수'이기 때문에 먹히지 않는다.

내가 왜 거기에 갔는지 곰곰이 생각해 보자. 내가 원하는 대로 일을 처리하기 위해 간 것이다. 들이받아서 일이 되는 경우도 있다. 그러나 들이받아서 되는 일은 서류 제출하고 가만 놔둬도 해결되는 일이다.

원룸과 에어비앤비를 연계해서 잘하려면, 우선 외국인관광도시민박업 허가를 받아야 한다. 다중주택도 다가구주택으로 용도변경이 가능한 물건이 있다. 그런 건물을 찾아 용도변경 허가를 받으려면 관할구청 건축과 공무원을 만나야 한다. 다가구주택을 구해 외도민업 허가를 받으려면 관할구청 관광진흥과 공무원을 거쳐야 한다.

행정업무도 사람이 하는지라 그 처리 과정이 각양각색이다. 관련법규와 예규, 조례가 있어 90퍼센트는 표준화된 절차와 규정대로 민원이 해결되지만 나머지 10퍼센트 때문에 일이 꼬이는 경우가 있다. 이럴 때 어떻게 해야 될까? 앞 장에서 고객이 왜 왕인지 설명한 바 있다. 이땐 누가 왕인가? 담당 공무원이 왕이다.

괘장[12] 부리다 일이 꼬이면 본인만 손해다. 규정대로 서류를 완벽하게 꾸며서 가야 한다. 건축법에 맞게, 관광진흥법에 맞게 준비해야 한다. 속칭 '야매'로 하다가는 투자금 수억이 물린다. 빼도 박도 못하는 상황에 빠질 수도 있다.

건물을 매수하지 않고 임대계약을 통해 외도민을 하려면 반드시 임대계약서에 특약으로 '전대 가능' '외도민업 가능' 이라는 조항을 꼭 넣어 두자.

그래야 거주민 동의를 받기가 한결 수월해진다. 계약서를 보여 주며 집주인이 허락했다고 하면 동의받기가 쉽다. 남

---

12) 우리가 흔히 쓰는 꼬장 부리다의 바른 말.

잘되는 꼴을 못 보는 게 사람 심보다. 집주인도 아니고 임대를 해서 영업을 해야 하는데, 같은 세입자가 적극적으로 도와줄 리 만무하다. 이웃 주민을 만날 때는 음료수나 제철 과일이라도 사 가지고 가자.

이웃 주민을 잘 만날 수 없다는 것도 큰 문제다. 나는 이 아파트에 4년을 살면서 앞집 분들과 인사도 제대로 못 나눴고 얼굴도 잘 모른다. 간혹 복도에서 조우하는데 앞만 물끄러미 바라볼 뿐이다.

앞집 개가 성격이 예민해서 그런지 잘 짖는 편이다. 그래서 복도에 설 때마다 앞집 현관 안에서 짖어대 깜짝 놀랄 때가 있다.

조금 유치한 예지만, 만약 이런 상황에서 앞집에서 갑자기 찾아와 도시민박업을 하려고 하는데 동의 좀 해 주실 수 있느냐 물어 왔을 때, 나는 어떤 반응을 보일까? 솔직히 동의해 주고 싶지 않을 것 같다. 물론 실제 그런 상황에 직면하게 된다면 마음이 약해져 해 줄 수도 있겠다.

그런데 위층은 상황이 좀 다르다. 층간소음이 엄청난 이웃이다. 거의 매일 점핑하는 수준이다. 새벽 두세 시에 그렇다. 일부러 뛰어도 그런 소음이 나지는 않을 것이다.

만약 윗집이 외도민업을 한다고 동의서를 받으러 온다면, 나는 절대 동의 안 해 줄 것 같다. 3년 전 층간소음으로 잠을 못 이룰 때, 윗집 현관에 간곡한 편지까지 써서 붙였는데 시치미를 뚝 떼더라. 당신이 너무 민감한 것 아니냐면서. 윗집은 내 눈에 흙이 들어가도 동의서를 못 써 줄 것 같다(하하).

이만큼 주민 동의서 받는 것이 어렵다는 것을 예로 든 것이다. 왜냐면 사람들의 생각이 다 다르고, 성격이 각양각색이기 때문이다. 어떤 사람은 아무 이유도 없이 안 해 준다. 배가 아프고 안 아프고를 떠나서 그냥 그 사람의 타고난 천성이 그렇다. 이러면 방법이 없다.

그래도 그런 상황에 맞닥뜨리게 된다면 최선을 다해 설득해야 한다. 내가 할 수 있는 아부를 다 떨어서라도 문제를

해결해야 한다. 해결 못 하면 수억의 투자금이 잠기고 엄청
난 손실이 예견되기 때문이다.

재기발랄한 어떤 후배가 이런 명언을 했다. '어느 구름에
비 들어 있는지 모른다.' 후생가외와 일맥상통하는 말이다.

삼국지 유비 편에 '노인과 보따리' 일화가 나온다.

유비가 냇가를 건너는데 백발노인이 퉁명스럽게 나를 업
어서 내를 건너 달라 했다. 유비는 마음이 상했지만 군말
않고 노인을 업어다 개울을 건너 드렸다. 허리춤까지 옷이
다 젖었다. 노인은 갑자기 건너에 보따리를 두고 왔다고 역
정을 냈다. 유비가 공손히 제가 가져다 드리겠습니다 했다.
그러자 노인이 너를 못 믿겠으니 나를 다시 업고 건너가자
했다. 유비는 노인을 다시 업고 건너편으로 갔다. 노인이
보따리를 들고는 다시 저쪽으로 건너가자고 했다. 유비는
두 말 않고 다시 노인을 업고 내를 건넜다. 나중 그 노인은
천하를 다스릴 수 있는 비법서를 유비에게 줬다. 그렇게 유
비는 촉의 황제가 되었고 중국의 반을 얻었다.

이 이야기는 고객을 어떻게 상대해야 하는지, 사람을 어떻게 상대해야 하는지, 민원인은 어떻게 상대해야 하는지 잘 가르쳐 주는 일화다.

맘에 새기자! 담당 공무원이 유비 일화처럼 민원처리를 하는 사람이라면 좋겠지만, 그런 사람을 만날 확률은 낮다. 그렇다면 내가 유비가 되는 수밖에.

정성을 다하면 바뀐다:
모든 방 직접 자 보기

만약 당신이 원룸건물을 하나 샀다면 방이 빌 때마다 직접 1박 2일 동안 지내 보자. 내 집에서 자취하는 학생 입장에서, 고객 입장에서 생활해 보는 것이다.

나는 경대 원룸을 인수하고 난 후, 시간이 허락할 때마다 빈방에서 직접 자 봤다. 특히 겨울밤에 방은 따뜻한지, 습하지는 않은지, 냉장고 소음은 거슬리지 않는지, 외풍은 없는지, 세탁기는 잘 돌아가는지, 온수는 잘 나오는지… 직접 몸으로 확인해 보았다.

101호는 출입현관 문 앞이라 사람들이 오갈 때마다 자동문 닫히는 소리가 들렸다. 나의 원룸은 바로 도로에 인접한 곳은 아니어서 자동차 소음이 많은 편은 아니다. 그래도 골목으로 오토바이 다니는 소리, 새벽에 청소차 엔진소음, 택배 차량 후진 음악 등이 거슬렸다. 민감한 사람은 자다가 깰 수도 있을 정도였다.

이 방을 세 줄 때는 이 점을 미리 얘기해 줘야겠다. 그리고 월 5만 원은 싸게 받아야겠다. 아니다. 차라리 이 방은 예비용으로 비워 두고 내가 올 때마다 이용해야겠다. 혹시 다른 방의 보일러가 고장 나거나 여름에 에어컨이 고장 났을 때, 갑자기 온수가 안 나올 때, 학생이 이 방을 비상용으로 쓰도록 해야겠다.

각 방은 동향이냐 서향이냐에 따라, 아침에 밝은 방이 있고, 오후가 돼야 해가 들어오는 방이 있다. 늦게까지 공부하고 늦잠 자는 타입은 서향을, 일찍 일어나는 학생은 동향을 추천하면 좋겠다. 아침에 해가 뜨면 눈이 부셔 잠이 깨니 암막커튼을 달아 줘야겠다. 전기난방은 가스난방에 비해 외풍이 있으니 좀 두꺼운 커튼을 달면 단열에도 도움이 되겠다.

〈암막커튼 설치 전 창문/설치 후 창문〉

다행히 나의 원룸은 채광이 좋고 트인 곳에 있어서 1층도 밝고 쾌적한 편이다. 습기도 덜하고 통풍도 좋은 편이다. 이런 장점을 적극 홍보하자. 이곳은 경대 동문에서 가까우니 등하교길이 밝고 안전하다. 이것도 적극 홍보해야겠구나. 옥상에서 보면 팔공산도 보이니 옥상에는 벤치를 설치해서 학생들이 상쾌한 공기를 마시고 또 햇볕도 쬘 수 있도록 하자.

실내에서 담배를 피우면 안 되니 옥상에 담배를 피울 수 있는 의자와 대형 재떨이를 설치하자. 비가 와도 괜찮도록 처마 밑에 간이 의자를 두자. 담배는 비가 와야 제맛이니까. 적당한 사이즈의 차광막을 설치해 뙤약볕엔 그늘이 있도록 하자.

〈옥상 휴게 공간/차광막〉

이 방은 옛날 전등이니 밝고 선명한 LED 전등으로 바꿔주자. 이 방은 세탁기가 구형 7Kg형으로 시원찮으니 신형 9Kg 모델로 바꿔 주자. 이 방은 샤워 꼭지가 막혀 물줄기가 삐져나와서 불편하니 새 것으로 교체해 주자. 이 방은 변기 물내림이 약하네. 뭔가 중간에 막힌 것 같으니 고무펌핑기로 플러싱을 한번 해 보자. 그래도 안 되면 업자를 불러 뚫어 보자.

이 방은 다른 방보다 습한 것 같으니, 전기료 걱정하지 말고 전기난방기의 온도를 많이 올려서 생활하라고 그러자. 이 방은 에어컨 온도를 낮춰도 덜 시원한 것 같으니 냉매를 충전하자. 이 방은 에어컨 필터에서 냄새가 나는 것 같으니 입주 청소를 맡길 때 에어컨 청소까지 부탁하자.

부모의 심정으로 정성을 다하자. 별점 다섯 개가 너무나 절실한 식당 주인의 간절한 마음을 가지자.

정성을 다하면 바뀐다!

정조대왕의 실화를 다룬 영화 〈역린〉에 이런 명대사가 나온다. 중용[13]의 구절이다.

"작은 일도 무시하지 않고 최선을 다해야 한다. 작은 일에도 최선을 다하면 정성스럽게 된다. 정성스럽게 되면 겉

---

13) 사서오경의 하나. 중국 노나라의 유학자 자사(기원전 483년~기원전 402년)가 쓴 책. 공자의 손자다. 공자의 제자인 증자의 제자가 되어 유교의 학맥을 이어 갔다. 보통 자사와 그의 학파에서 나온 맹자의 학맥을 유학의 정통 노선으로 간주한다.

에 배어 나오고, 겉으로 드러나면 이내 밝아지고, 밝아지면 남을 감동시키고, 남을 감동시키면 이내 변하게 되고, 변하면 생육된다.”

2500년 전의 글인데도, 실로 엄청난 문장이다. 장사든, 사업이든, 기업이든, 서비스업이든, 제조업이든 이 문장은 다 들어맞는다. 고객에 대한 정성, 고객감동, 기업의 이익증대(변화), 기업의 성장(생육)을 말하는 것이다. 정곡을 찌른다. 정성을 다하면 내 수입이 바뀌고 내 사업이 생육(성장)한다.

줄줄이 비엔나 효과

2022년 8월 말, 프랑스 학생 루○○과 마○○가 나의 집에 들어와 살게 되었다. 2022년 5월, 경대 원룸을 인수한 후 첫 외국학생이었다. 내가 자 본 방 중 가장 좋은 방을 내주었다.

이 학생들에게 보증금 없이 월 45만 원을 받았다. 6개월 일시불로 받았다. 이 학생들은 자기 방을 보더니 연신 어메이징이라고 했다. 어떻게 이렇게 저렴할 수 있는지, 어떻게 숙소가 이렇게 좋을 수 있는지, 어떻게 이렇게 방에 모든 것이 다 있을 수 있는지. 프랑스 파리 대학가의 주택가격과 월 임대료에 비하면, 일일 1만 5천 원, 1유로 정도니 그들

입장에선 어메이징할 수밖에 없다. 자국의 반 가격이다.

한국의 가을 햇살은 환상적이다. 옥상에서 그들은 반바지 차림으로 매일같이 일광욕을 즐겼다고 한다. 다행히 나의 집은 층고가 높아 다른 집에서는 옥상에서 뭘 하는지 보이지 않았다.

한국의 가을 하늘은 구름 한 점 없이 파랗다. 나의 집 옥상에선 팔공산이 보인다. 산이 하도 높고 멋있어서 과 동기 한국 학생들을 데리고 와서는 저 산이 무슨 산인지 물어봤다고 한다. 저게 대구에서 가장 유명한 팔공산이라고. 그 친구들은 주말에 팔공산으로 하이킹을 다녀왔다고 했다.

주말에 그곳에 갔을 때, 두 프랑스 학생을 불러 경대 동문의 안동찜닭집에 데리고 갔다. 한국음식과 문화를 경험시켜 주었다. 그야말로 내가 외국인관광도시민박업 예비 사업자이자 K-문화 전도사였던 것이다. 그들은 원더풀! 딜리셔스!를 연발했다.

그 친구들이 교환학기를 마치고 인천국제공항에서 프랑스로 돌아갈 때쯤, 신촌역 7번 출구에서 나는 그들을 다시 만났다. 고국으로 돌아가기 전, 내가 서울에서 저녁을 사 주기로 약속했던 것이다.

네이버캘린더 앱을 열어 '루○○'이라고 검색하니 '2022년 12월 22일, 프랑스 루○○ 마○○ 점심 신촌역 7번 출구 12시/스시' 이렇게 적혀 있다.

그날은 눈이 와서 운치가 더 있었다. 두 친구를 데리고 연대 골목에 있는 초밥 맛집으로 갔다. 내 기억에 한 친구는 회를 못 먹는다 해서 소고기초밥, 구운 연어초밥 등 익힌 초밥을 주문해 줬던 것 같다.

서구 문화권에서는 상상하기 힘든 일이다. 집주인이 안동찜닭도 사 주고, 맛있는 초밥도 사 주고. 식사를 마칠 때쯤, 본인들이 먹은 것을 더치페이하려고 하길래 "잇즈 마이 플레져!"라고 말하고 내가 계산했다. 너희들을 보니 군에 가 있는 우리 아들이 생각난다고 했다. 그때 큰아들이 군

복무 중이었다. 말하자마자 갑자기 군에 간 아들 생각에 울컥했다. 아빠는 나이 들면 점점 엄마가 돼 가나 보다.

이 친구들이 본국으로 가서는 자기 후배들에게 우리 집을 추천했다. SMS로 연락이 왔다. 내년 봄 학기에 프랑스 친구 두세 명이 당신의 집에서 머무르고 싶어 하는데 괜찮겠냐고.

다음 학기에는 세 명의 프랑스 학생이 나의 집에 들어왔다. 클○○, 피○○, 휴○. 그들과도 최대한 소통하려고 노력했다. 벚꽃 핀 봄날, 캠퍼스를 그들과 걸었다. 사진도 같이 찍었다. 그들과 정문 안동찜닭을 먹고 동문에 있는 나의 집으로 돌아오는 길…. 경대는 아름드리나무가 가득한 숲 깊은 캠퍼스다.

군 복무 중이던 장남은 그 사이 제대했다. 한 번은 장남을 원룸에 데리고 갔다. 아들은 외대 포르투갈어과다. 영어 실력도 상당하다. 프랑스 친구와 옥상에서 영어로 신나게 대화했다. 같은 또래다. 그래서 더 잘 통했다.

루○○ 이후 줄줄이 비엔나소시지처럼 프랑스 유학생이 연결되어 매 학기마다 프랑스 학생이 두세 명 들어온다. 방 한 개당 6개월 동안 월 45만 원을 받는다. 중개수수료도 없다. 어떤 학생은 일 년을 살고 가기도 한다. 그 친구들은 잠자는 것을 제외하고는 거의 집에 없다. 한국에 있는 동안 최대한 돌아다니려고 작정하고 왔을 것이 아니겠는가. 전기료, 수도료가 거의 들지 않는다. 일거양득이다.

아이스께끼 아저씨

〈아이스께끼 아저씨〉

서대문구 안산 둘레길을 걷다 보면, 교련복을 입은 아저
씨가 꽃무늬 아이스박스를 길가에 두고 아이스크림을 팔고

있는 장면을 볼 수 있다.

그런데 웬일인지 사람들이 그냥 지나칠 뿐 아이스크림을 사 먹는 모습을 좀처럼 보기 힘들다. 왜일까? 그건 바로 아이스박스에 들어 있는 아이스크림의 종류와 가격을 알 수 없기 때문이다. 소비자 입장에서는 제품의 형상과 가격은 최소한의 정보다. 그걸 알 수 없는 소비자는 제품을 구입하지 않는다.

내가 아이스께끼 아저씨라면 아이스박스 표면에 아이스크림 종류와 가격을 명시해서 붙여 놓을 것이다. 가능하면 아이스크림 사진을 첨부할 것이고 계좌번호를 적어 놓을 것이다.

그럼 아이스크림이 잘 팔린다. 높은 산은 아니지만 그곳까지 운송한 비용을 포함해 원가의 두 배 정도 받으면 합리적일 것이다. 오백 원짜리는 천 원, 천 원짜리는 이천 원. 잘 팔리면 오백 원씩 더 올려 봐도 좋다. 그 옆에 50리터짜리 대형쓰레기봉투를 걸어 놓으면 더 좋다. 손님들이 삼삼

오오 둘러서서 시원한 빙과를 먹고, 껍데기는 그곳에 버리고 떠나면 된다.

아이스크림의 종류와 가격을 모르는 상태에서 고객은 주인에게 질문하거나 흥정하지 않는다. 주인이 호객을 하면 모른 척 종종걸음으로 지나치기까지 한다. 바가지를 쓸까 우려되고 제품이 부실할까 걱정스럽다.

'아저씨, 아이스크림 얼마예요?'라고 묻기도 불편하다. 만약 이천 원이라고 예상했는데 삼천 원이라 그러면, 사 먹기도 그렇고 그냥 가려면 존심이 상한다. 더구나 아이스박스 안에 어떤 게 들어 있는지도 모른다.

조금 아래에 위치한 다른 장소에서는 휠체어를 탄 아저씨 한 분이 울릉도 호박엿을 팔고 있다. 무릎 위에 나무좌판을 올려 두고 호박엿을 절단하고 있다. 실제 파는 호박엿은 투명 플라스틱 곽에 들어 있다. 나름 퍼포먼스를 하고 계셨지만 사는 손님은 거의 없다. 울릉도 호박엿도 가격이 붙어 있지 않았다.

수타 짜장면 집을 염두에 두셨나 본데, 번지수가 틀린 것 같다. 호박엿 절단 퍼포먼스를 할 게 아니라 호박엿이 얼마인가 가격을 붙여 놓았어야 했다. 또 시식 코너를 만들어서 드시게 하는 것도 좋을 것 같다. 판매 금액의 일부분을 기부하겠다는 것도 적어 봄직하다. 장애인이 어려운 이웃을 돕는다. 이 컨셉이 '오버'일 수도 있지만, 나 같으면 그렇게 해 봤을 것이다. 여름엔 호박엿 대신 계절에 맞는 주전부리를 팔아 보는 것도 생각해 봐야 한다.

나는 경대 원룸 입구 벽에 호실별 사진과 가격을 붙여 놨다. 언제 입주 가능한지 날짜도 적어 놨다. '전기의류건조기 정수기 설치'라는 문구도 붙여 놨다. A4 용지를 가로로 해서 사진을 넣고 글자를 크게 해서 코팅을 하면 오래간다. 컬러 출력 한 장 오백 원. 코팅 장당 천 원이다.

그 홍보배너를 보고 더러 전화가 온다. 계약률도 높다. '벽에 적힌 거 보고 전화드렸는데요.' 그냥 「주인직접, 풀옵션」 이렇게 적어 놔서는 전화를 받기 힘들다. 경대 전체가 원룸이고 원룸 전체가 '주인직접, 풀옵션'을 적어 놨다. 변

별력이 없다.

앞에서 말한 것처럼 학생이든, 부모든 내부사진과 가격과 입주 시기를 적어 놔야 나에게 전화할 확률이 높다. 고객 입장에선 흥정도 가격과 방 상태를 알고 시작하는 것이다. 나는 지금 홍보 효과를 톡톡히 보고 있다.

〈원룸 벽에 붙여 놓은 홍보 사진〉

즉각반응

준비태세, 신속정확, 즉각반응! 누구에겐 익숙하고 누구에겐 낯선 용어다. 군에 갔다 온 사람은 상당히 친숙할 것이다. 준비태세는 단위부대가 전투를 수행할 준비가 제대로 되어 있냐는 뜻이고, 신속정확은 각개 병사의 전투행위가 전술교리와 교범에 맞게 신속하고 정확하냐는 말이다. 즉각반응! 부하들 군기 잡을 때 상관의 입에서 자주 튀어나오는 말이다. 상관의 지시나 명령을 따라야 하는 부하들에게 요구되는 행동지침이기도 하다.

이 용어들은 민간영역에서도 잘 들어맞는다. 직장생활, 영업, 장사, 기업활동…. 규모와 형태의 차이일 뿐 모든 일에 부합한다. 앞에서 에어비앤비는 거스를 수 없는 대세라고 했다. 준비 기한은 2025년 12월 31일까지다.

나는 에어비앤비 공지를 인지하자마자 즉각반응했다. 관계당국의 영업허가를 받는 것이 급선무다. 일반시민이 에어비앤비 공유숙박업을 하려면 외국인관광도시민박업이 유일한 방법이다.

외도민업을 시작하기 위해서는 다가구주택을 구입하거나 임차하는 것이 최대 관건이다. 나는 이미 원룸건물이 하나 있기 때문에 또 하나의 원룸건물을 구입하는 것은 취득세나 종합소득세 측면에서 바람직하지는 않다. 물론 자금도 부족한 상황이다. 다가구주택은 보통 10억을 호가한다. 그러나 찬물, 더운물을 가릴 때가 아니었다.

며칠 밤낮 인터넷 검색과 임장을 거쳐 두 가지 안으로 압축했다. 경대 정문의 1억 5천짜리 2층 단독주택, 테크노파크문(텍문) 근처의 3억 5천짜리 3층 다가구 주택.

1억 5천짜리 단독주택은 각층 방 2개, 거실 1개로 구성되어 있었다. 3층 다가구주택은 1층은 방 2개, 거실 1개, 2·3층은 각각 원룸 3개로 구성돼 있었다. 가격으로 봤을 땐 단독주택이 합리적이었고 부담이 적었다. 또한 공시가격이 일억 원 이하라 1가구 2주택에 해당되지도 않았다.

단점은 1978년에 준공된 오래된 주택[14]이라는 것과 메인 게이트(경대 정문)에서 한참 떨어진 곳이라는 점. 그리고 외진 골목에 위치하고 있어서 외국인 학생들이 찾아오기가 곤란하다는 점.

이에 비해 3억 5천짜리 다가구주택은 입지조건이나 주거 환경 측면에서 상당히 양호했다. 단점으로는 자금 여력과 세금 측면에서 부담이 있다는 것이다.

그러나 나는 전격적으로 다가구주택으로 결정했다. 이 일대의 다가구주택이 최소 10억 원인 것을 고려하면 이 집은

---

14) 지자체에 따라 오래된 단독주택은 외국인관광도시민박업 영업허가가 나지 않을 수도 있다. 사전 확인이 꼭 필요하다.

하늘이 내린 집이다. 3억 5천 다가구주택이라니…. 사이즈는 작지만 내 입장에선 에어비앤비사업에 최적화된 주택인 것이다. 나는 이 집을 즉시 계약했다. 어떨 땐 좌고우면하다 월척을 놓친다. 찌가 붕 떠오르면 주저 없이 낚아채야 하는 것이다.

이 집은 2025년이 시작되면 나와 같은 생각을 가진 사람이 반드시 입질하게 돼 있다. 2025년 말이 가까워 올수록 이 집의 가치는 4억, 5억은 족히 될 것이다. 아직 시간이 일러서 사람들이 모르고 있는 것이고 달려들지 않는 것일 뿐. 갑자기 조바심이 났다. 건물을 직접 보지도 않고 계약해도 될까? 만 원짜리 핸드폰케이스 사는 것도 아니고….

일단 계약금부터 보냈다. 그리고 주말에 가서 그 집의 상태를 확인했다. 1층은 세입자가 없는 상태로 오랫동안 방치돼 있었다. 방은 은둔형 노총각이 살면서 십 년 동안 청소 한 번 하지 않은 상태였고, 방과 화장실에서 담배를 피워서 니코틴이 벽지와 방문, 벽에 노랗게 물들어 있었다.

다가구주택의 장점은 각층을 임대하여 세대를 분리할 수도 있고 주인이 3개 층 전체를 하나의 세대로 모두 사용할 수도 있다. 건축법상 단독주택이기 때문에 건물 전체를 다 써도 한 가구로 본다. 이것은 엄청난 장점이다. 왜냐면 나는 나의 자금 여력과 처한 상황에 맞춰 순차적으로 에어비앤비사업을 확대할 수 있기 때문이다. 올해는 1층, 내년에는 2층, 2026년 1월부터는 3층까지 모두.

나의 계획은 이랬다. 우선 1층을 리모델링하여 주인세대로 만든다. 그런 후 전입신고를 하고 대구 북구청 관광진흥과에 외국인관광도시민박업 영업허가 신청서를 낸다. 2주 후 영업허가증이 나오면 1층 방 하나를 에어비앤비에 등록한다. 6개월간 시범 운영을 해 본다.

2층과 3층은 임대기간이 끝나면 빈 방을 구청에 추가로 신고하고 에어비앤비에 숙소로 등록한다. 평일에는 대구에 계신 부모님이 1층 주인세대에 거주하시면서 옥상 텃밭을 가꿔서 외국인 학생들에게 쌈채소와 삼겹살, 불고기 등을 맛보게 한다. 나는 주말에 외국인과 소통하면서 한국의 문화와 음식을 경험하게 한다. 팔공산, 안동, 포항, 경주에 데리고 가서 한국의 아름다운 자연환경과 문화유적을 경험하게 한다.

에어비앤비 공유숙박업의 경험이 쌓이고 어느 정도 자리를 잡았다고 생각되면, 다중주택 원룸과 이 다가구주택을 팔고 5층짜리 다가구주택을 구입한다. 4층과 5층은 주인세대 주택을 구성하여 외국인 관광객(주로 외국인 학생)을 받고 2층과 3층은 한국 학생에게 장기 임대한다.

옥상은 대형 텃밭과 정원, 원목 마루와 야외테이블을 설치해 거주 학생들과 나의 휴식장소로 활용한다. 나는 은퇴 후 여기서 목공예를 하고 철물을 다루고 있을 것이다. 주말에는 나의 집에 살고 있는 학생들을 카니발에 태워 근교 유적지나 관광명소로 소풍을 갈 것이다. 그들은 한국에서 나의 아들딸이 된다.

나의 장남과 차남은 한 달에 한두 번 아이들을 데리고 나에게 온다. 나는 손주들에게 내가 키운 꽃과 나무를 보여 준다. 같이 물을 주고 거름을 준다. 퇴역한 맹인안내견과 옥상에서 맘껏 뛰어놀게 한다. 4층은 주인세대니 층간소음 걱정은 없다. 외국인 학생과 한국 학생, 나의 가족들이 옥상마루, 텃밭, 야외테이블에서 깔깔대며 재미있게 떠들고 논다. 어느덧 서쪽 하늘에 노을이 물든다. 저녁 식사가 이어진다. 각국의 요리 솜씨가 빛난다. 우리 모두는 하나로 어우러진다.

이때쯤이면 사실 나는 큰돈이 필요치는 않을 것이다. 서두에서 나는 노후소득 월500, 월1000을 만드는 신나는 여행을 떠나 보자고 했다. 은퇴 후 나는 정작 월 이삼백만 원으로도 충분히 괜찮은 삶을 살고 있을 것이다. 외국인 학생들을 데리고 한국의 역사와 문화를 안내하는 백발성성한 여행가이드가 되어 있을 나. 한국의 역사와 문화에 대한 나의 지식은 돋보기안경 너머로 날이 갈수록 쌓여 간다.

나의 아들들이 운전대를 잡아 줄 것으로 기대한다. 노후가 외롭지 않으려면 늙어서도 자녀들이 나의 집에 오게 하는 힘이 있어야 한다. 그 힘은 뭘까? 어느 정도의 재력과 안락함이다. 내 주머니에 돈이 두둑이 있어야 한다. 나의 집이 내 자녀와 손주들의 안식처와 놀이터가 돼야 한다. 그게 집이고 고향이다. 징글징글한 집, 좋은 기억이 없는 고향은 허상이다.

내 지갑에 현금이 백만 원 있으면 손주들이 매월 찾아오고 내 통장에 현금 일억이 있으면 자식들이 매주 찾아온다. 십억이 있으면 서로 모시고 살겠다 한다.

아임 쏘리 벨라, 땡큐 제니퍼

나의 첫 외국인 손님은 미국 여성 제니퍼였다. 그녀는 50
세 중년 중학교 역사 교사였다. 암에 걸려 투병을 했고 지
금은 많이 좋아져 외국 여행을 즐긴다고 했다.

죽을 고비를 넘기고 나면, 재물에 욕심이 없어지고 건강
이 가장 소중한 것이 된다. 지금 이순간의 행복을 중요하게
생각하게 된다. 제니퍼가 그랬다.

유난히 더운 여름이었다. 제니퍼는 인천국제공항에 내려
서 인천의 어느 작은 숙소에 들어갔다. 그런데 그 집은 각
종 벌레가 나오고 습해서 도저히 잠을 잘 수가 없었다. 일

주일을 거기서 버티고 나의 집에 들어왔는데, 집이 너무 쾌적하고 좋아 살 것 같다고 했다. 뿌듯했다.

서울역에서 KTX를 타고 동대구역에 내린 그녀는 택시로 15분 거리에 있는 우리 집이 가격 면이나 위치 면에서 너무 매력적이었다고 했다. 대구경북권은 안동, 경주, 포항 등 1시간 안에 가서 볼 수 있는 역사문화 유적지가 정말 많다.

그녀는 우리 집에 머문 일주일이 정말 행복했다고 했다. 영국 엘리자베스 여왕이 방문한 안동, 신라 천년고도 경주, 동해 바다를 품에 안은 포항, 팔공산 동화사와 갓바위. 역사를 사랑하는 그녀는 이 모든 곳을 둘러본 후, 한국의 역사에 매료되었다.

다음 일주일은 부산에서 묵는다고 했다. 부산 숙소에 도착한 그녀는 하루 만에 나에게 SOS를 쳤다. 모기 때문에 도저히 잠을 잘 수가 없었던 것이다. '이 지옥 같은 곳에서 탈출하고 싶다. 당신의 집에 다시 갈 수 없냐.'는 간절한 요청이었다. 나는 '아직 그 방이 비어 있고 다음 손님이 없으니 당신이 원래 묵었던 방으로 돌아오면 된다.'고 했다. 그녀가 얼마를 주면 되냐고 하길래, 무료로 머물다 가라고 했다. 부산의 숙소가 제니퍼에게 숙박 요금을 환불해 주지 않았기 때문에, 이중으로 숙박 요금이 나가는 것이, 나는 안타까웠다.

돈 계산을 정확히 따지는 미국인 제니퍼는 나의 호의가 이해하기 힘든 일이었을 것이다. 방학 때는 학생들이 들어오고 나가는 시기라 빈방이 제법 발생한다. 원룸 주인이 방학 기간을 이용해 에어비앤비를 할 수 있다면 금상첨화다.

방학 기간의 에어비앤비는 수익을 내겠다는 생각보다 관리비나 수리 비용 등을 충당한다고 생각하면 좋다. 대학가 원룸은 외국인교환학생이나 한달살이 외국인 관광객이 있을 수 있기 때문에 단기 숙박보다는 한 달 이상 장기 숙박을 고려하는 것이 좋을 것 같다. 이삼 일 단기 숙박은 관리도 힘들고 기존 거주 학생들의 컴플레인이 있을 수 있다.

다시 제니퍼의 얘기로 돌아가자. 그녀는 부산 숙소에서

뜬 눈으로 밤을 지새우고 아침 기차로 나의 집에 다시 왔다. 나는 서울에 있었기 때문에 그녀는 무인 비대면으로 다시 체크인을 했다. 같은 방에 들어왔기 때문에 공간도 익숙했을 것이다. 나의 집은 에어컨이 정말 빵빵하다. 행여 모기가 방에 들어왔다 하더라도 주둥이가 돌아갈 지경이다.

나의 원룸에서 남은 닷새를 잘 지낸 그녀는 무사히 본국으로 돌아갔다. 그녀는 나에게 진심 어린 감사의 글을 보냈다. 그리고 별점 다섯 개 만점과 장문의 후기를 남겼다. 너무나도 생생한 후기였다. 레알(real)이었다. 이 후기 때문에 외국인 학생이 많이 들어왔다. 엄마 같은 분이 머나먼 한국, 대구에서 악조건과 위험을 피해 나의 집으로 안전하게 피신한 스토리가 그들의 마음을 사로잡았던 것이다.

무더운 여름이 지나고 가을이 왔다. 벨라라는 젊은 미국 여성이 한 달 계획으로 나의 집에 들어왔다. 사흘이 지나던 날, 갑자기 연락이 왔다. 급한 일로 미국으로 빨리 돌아가야 한다는 것이다. 남은 기간 숙박 요금을 환불해 줄 수 없느냐는 요청이었다. 나는 규정상 환불이 어렵다고 했다.

더구나 입실 후에는 환불이 더욱 힘들다고 했다. 대신 남은 기간 동안 다른 손님이 들어오면 환불해 줄 수 있다고 했다. 그녀는 동의했다.

그러나, 임박한 상황에서 손님이 들어올 리 만무했다. 학기가 이미 시작돼 버려 외국 학생도 들어올 사람은 다 들어왔기 때문에 더욱 그랬다. 결국 나는 그녀에게 돈을 돌려주지 못했다. 아니, 돈을 돌려주지 않았다. 내가 손해가 나기 때문이었다.

그녀는 이성적으로 환불이 안 된다는 것을 잘 알고 있었음에도 감성적으로는 돈이 너무 아까웠을 것이다. 머리로는 이해되지만 가슴으론 용납이 안 됐던 것이다. 그 여파로 별점 두 개가 떨어졌다. 별점 2점에 게스트 후기에 악덕 호스트라고 후려갈겼다. 잠자리는 불편했고 베개는 딱딱했으며 수백 불을 날렸다고 했다.

지금 나는 차라리 벨라에게 환불해 줄 걸 그랬나 후회한다. 그녀는 본인의 의사와 상관없이 몇백 달러를 손해 봤으니 얼마나 마음이 아팠을까. I'm sorry, Bella.

   이 사건 이후로 나는 모든 고객에게 임박한 시점의 예약 취소 시에도 환불해 주고 있다. 심지어는 벨라처럼 입실 후에도 불가피한 사정으로 조기 퇴실을 해야 할 경우에도 환불해 준다. 입국 문제로 입실이 지연되더라도 내가 먼저 예약 변경을 해 줘서 고객의 손해가 없도록 하고 있다. 입실 후에 환불해 주거나 예약 변경을 해 주면 별점 다섯 개는 따놓은 당상이다.

기록은 나의 힘

　스마트폰으로 네이버 메모장과 네이버캘린더를 쓰기 시작하면서 나는 기록에 몰두하게 됐다. 나의 메모장에는 경대 원룸 관리대장이 있다. 여기에는 경대 원룸을 구입했을 때부터 시작해 방대한 양의 데이터가 일기처럼 축적돼 있다.

　월 단위로 무엇을 할 것인지, 주 단위로 무엇을 했는지, 보완해야 할 것은 무엇인지, 오늘 고친 것은 무엇인지. 분기별로 어떤 비용이 얼마나 들어갔는지. 심지어는 호실마다 룸마다 장단점까지 상세히 기록해 놓았다.

이것의 확장판은 노트북의 엑셀 파일이다. 각 호실별로 누가 들어와 있으며 언제까지 거주할 예정인지, 무엇을 요구했고 무엇을 들어줬는지, 각 방에 설치된 전자제품과 가구는 무엇인지, 모든 것을 가시적으로 도식화해 두었다. 일목요연하다. 이것을 펼쳐 보면 경대 원룸의 경영 현황이 한눈에 들어온다.

전기요금의 검침일자, 요금이 부과되는 기준일자, 월별·계절별 사용량과 요금이 도표로 짜여 있다. 요금이 가장 많이 나가는 달과 가장 적게 나가는 달, 그리고 연평균 전기요금.

이것을 알고 나니 월세연동제가 가능해졌다. 봄·가을에는 월세를 조금 덜 받고 여름·겨울에는 좀 더 받는다. 월 2만 원 차이지만, 고객 입장에서 보면 이것은 매우 합리적이다. 일 년 거주 후 재계약을 하게 되면 월 2만 원을 할인해 준다. 부모님이 월세를 보내 주는 학생에게는 일 년치 24만 원을 학생에게 준다. 그래야 효과가 있다. 더 설명할 필요가 없다.

수도요금, 수리·보수 비용, 각종 세금, 부동산중개수수료 등의 분기별 추이, 월세 순익의 증가세. 이런 것들이 디지털화되어 나의 뇌리에 선명하게 박힌다. 작은 회사 경영인 것이다. 지금 경대 원룸은 최적화된 상태다. 이것이 지속가능하려면 앞으로 에어비앤비 환경에 최적화시켜야 한다. 거스를 수 없는 대세다.

나는 운동에도 기록을 매우 중요시한다. 골프의 경우, 나는 필드에 나가는 것보다 연습하는 것을 더 좋아한다. 기록을 꼼꼼히 하면 약점 중심으로 연습을 더 하게 된다. 모자란 부분이 보완될 때까지 그 부분을 집중적으로 연습할 수 있기 때문에 시간 면이나 비용 면에서도 효율적이다. 골프선수들의 야디지를 보라. 그게 빅데이터 아닌가?

테니스도 마찬가지다. 나는 테니스에 입문한 지 만 오 년이 되었는데, 연습량으로 치면 십 년 이상의 구력일 것이다. 국회테니스회 회원인 나는 초창기에 주말 새벽 6시에 테니스장으로 가서 벽치기를 좌우 500회, 서브 연습을 500개씩 했다. 테니스를 배우는 동안 주말에 라운딩을 가지 않았다.

누가 골프치자고 하면 '아, 미안. 그날 잡혀 있네.'라고 했다. 골프 치는 사람에게 테니스를 치기 때문에 못 간다고 하면 대화가 길어지고 상황이 복잡해진다. 나는 주말마다 골프 약속이 있는 것처럼 행동했다. 친구들이 '야, 너는 어떻게 매주 토일 골프를 치냐.' 이렇게 나에게 핀잔을 줬다. 사실 나는 매주 토일 새벽 테니스장에 있었던 것이다.

나는 나보다 테니스를 잘 치는 사람을 다 '사부'라고 생각했다. 한 수 배운다는 자세로 매 경기에 임했다. 저 고수의 장점을 흡수하기 위해 경기 내내 상대방의 특기와 자세를 읽었다. 레슨을 받을 때 그 사람의 특징을 생각하며 스윙을 했다. 실력이 정말 빨리 늘었다.

나는 지금 국회테니스회, 대학교테니스회, 지역테니스회 등 모든 동호회에서 A조에 속한다. 서브만큼은 아마추어 동호인들 중에 나보다 많이 연습한 사람이 드물 것이다. 모든 샷은 연습량에 비례한다. 골프도 마찬가지다.

데이터에 대한 내 집착이 어느 정도인지 알 수 있는 예가 있다. 내가 서브 연습을 죽어라 할 때, 국회테니스장 연습코트에는 테니스공이 가득 담긴 이마트 카트 2대가 있었다. 공이 몇 개인지 궁금해 서브하면서 일일이 셌다. 연습량을 기록하기 위해서도 그랬다. 연습량과 첫 서브 성공률을 기록하기 위해서도 마찬가지였다.

작은 카트는 테니스공이 330개, 큰 카트는 500개 정도가 들어간다. 다음에 연습할 때는 일일이 셀 필요가 없었다. 작은 카트에 공을 가득 담아 연습하면 300개 정도, 큰 카트에 가득 담아 그것을 비우면 500개를 연습한 거다. 10일을 채우면 삼천 번에서 오천 번의 서브 연습을 한 것이된다. 무사시의 '단련'이었다. 스포츠 사전에 '연습은 실전처럼, 실전은 연습처럼.'이라는 명언이 있다. 나는 이렇게말하고 싶다. 미분처럼 연습하고 적분처럼 게임하라. 미분은 기록이고 적분은 기록의 총합이다.

별점 다섯 개 노하우

입안에서 별이 쏟아지고 있어요! 프랑스 샹파뉴 지방 수도원 돔 페리뇽이 샴페인을 발견하고 처음 내뱉은 말이다. 배달의 민족이나 쿠팡잇츠 등에서 배달 음식 영업을 하시는 분들은 별점에 매우 목마르다. 내 계정에 별이 쏟아지길 간절히 바란다.

에어비앤비 호스트들도 똑같은 심정이다. 음식배달 플랫폼 기업과 에어비앤비 기업 CEO에게 부탁하고 싶다. 제발 5점 척도를 10점 척도로 바꿔 주시라. 5점 척도의 압박과 고통은 이루 말할 수 없다. 소상공인들은 세상만사가 다 힘들고 성가시다. 블랙컨슈머로 힘들고 사기 주문에 힘들다.

높은 임대료와 인건비, 비싼 재료비, 주문·배달 수수료, 가맹점비 등 비용 부담이 장난이 아니다. 치킨집이든, 편의점이든, 커피전문점이든 결국 본인의 은퇴 자금으로 매장을 차려 본인의 인건비를 벌어 가는 구조다.

팍팍하기 이를 데 없는 골목 상인들에게 별점 스트레스는 지옥이다. 단테 신곡의 지옥 편에 이런 글귀가 있다. '모든 희망을 버려라, 여기에 들어오는 그대들이여.' 라샤떼 오니 스페란짜, 보이 껜뜨라떼.

플랫폼의 별점은 지옥문에 적혀 있는 이 문구와 같다. 4.8점을 받을 수 없는 구조. 그렇다고 여기서 자포자기할 수는 없다. 에어비앤비가 한국 현행 법규상 위법적인 부분을 양성화하겠다고 발표한 이상, 우리는 에어비앤비 플랫폼에서 살아남아야 한다. 외도민업을 하든, 농촌민박업을 하든, 한옥체험업을 하든, 호스텔업을 하든, 무조건 영업 허가를 받아내야 한다.

별점 또한 마찬가지다. 한 분기에 별점 4.8점을 받아 슈퍼호스트에 등극하면 지옥문에서 연옥을 건너뛰고 바로 천국으로 올라간다.

에어비앤비 앱에 들어가면 슈퍼호스트 소개란이 있다. 슈퍼호스트들이 말하는 공통점은 고객의 니즈에 철저히 따라야 한다는 것이다. 매우 간단하지만 어렵다. 소크라테스의 '너 자신을 알라.'라는 말과 비슷하다. 뻔한 말이고 진부하기까지 하다. 그러나 이 뻔한 말을 소크라테스가 했기 때문에 2500년이 지난 지금에도 인류에게 교훈을 주는 것이다. 소크라테스가 행동으로 보여 줬기 때문이다.

에어비앤비 슈퍼호스트들은 고객의 요구에 철저히 따랐다. 몇 명에게 별점 잘 받는다고 슈퍼호스트가 되지는 않는다. 평가요소 중에 최소 숙박 일수가 있어서 상당히 많은 게스트로부터 별점과 후기를 받아야 한다.

첫 번째가 철저한 고객니즈 부응이라면, 두 번째는 있는 그대로 보여 줘야 한다는 것이다. 앱이나 광각 카메라로 룸을 찍어서는 절대 안 된다. 사실 원룸은 코딱지만 하다. 고시원보다 크고 오피스텔이나 다가구주택보다 좁고 열악하다. 엉망인 오피스텔도, 다가구주택도 있지만 그건 케바케(케이스 바이 케이스)다. 대체로 원룸이 오피스텔이나 다가구주택에 비해 등급이 낮다.

스마트폰의 기본 카메라로 실사로 촬영해서 올려야 한다. 만약 광각 사진을 올리고 싶다면, 실사 사진과 병행해서 올리자. 그리고 반드시 설명을 달자. 광각 사진을 올린 이유는 방 전체의 전자제품과 가구의 배치를 한눈에 보여 주기 위한 것이고 또 이 사진보다 실제 룸은 작은 편이라고.

문이 삐거덕거리면 삐거덕거린다고 적어 놓자. 여름에 벌레가 출몰하면 벌레가 들어올 수 있다고 써 놓자. 외풍이 있으면 전기 난방이라 겨울에 외풍이 있을 수 있다고 솔직히 쓰자. 유독 추위를 타는 고객이 들어왔다면 전기장판(화재대비 절전형)을 깔아 주자. 층간소음이나 주변 생활소음이 있으면 소음이 있다고 써 놓자.

경대 원룸 101호는 소방도로와 접해 있어 새벽에 청소

차, 택배차 소음으로 단잠을 깰 가능성이 있다. 주말이나 저녁에는 배달 앱 오토바이 소음 때문에 공부하거나 쉬는 동안 귀에 거슬릴 수 있다. 룸과 숙소의 약점을 있는 그대로 미리 얘기해 놓으면 별점 1개를 세이브할 수 있다. 측은지심. 고객도 측은지심이 있기 때문이다. 겸손하게 심지어는 불쌍하게 보이면 4점 줄 것을 5점 준다. 5점과 4점은 하늘과 땅 차이고 천국과 지옥 차이다. 슈퍼호스트가 되느냐 마느냐, 생사가 달려 있는 것이다.

세 번째, 필요한 것을 미리 준비해 놓자. 학생들이 일 년 이상 자취하면서, 또는 게스트가 한 달 이상 장기 거주하면서 필요한 것이 뭘까? 간단하다. 빨래와 건조가 수월해야 하고 목욕물이 따뜻해야 한다. 욕실 바닥의 물기를 막아 주는 매트를 깔아 주면 너무 좋다. 미끄럼도 방지하고 겨울에 발이 차가운 것도 막을 수 있다. 욕실 슬리퍼가 있지만 욕실매트 위에 바로 발을 안착시켰을 때의 편리함은 별점 추가다.

고객이 욕실 화장지가 떨어졌거나 욕실 전구가 나갔을 때,

바로 긴급 공수할 수 있는 준비성이 있어야 한다. 나의 원룸에 살고 있는 학생은 세입자가 아니라 고객이다. '니 알아서 해라. 귀찮다.' 망하는 지름길이다. 별점 지옥행이다. 나는 학생들이나 게스트들에게 꼭 이런 메시지를 미리 전달해 둔다. 급하게 생필품이 필요하면 언제든지 얘기해라. 나는 고객의 예상보다 빠르게 그것을 갖다준다.

세 번째, 이슈가 생겼을 때 반드시 커피 쿠폰이라도 쏘자. 바퀴벌레 출몰, 단수, 화장실 막힘(대부분 본인의 과실이다.), 위층 층간 소음, 세탁기 고장. 누구의 과실인지 따지려고 하지 말자. 고객의 과실이라도 별점은 안 좋게 돌아오기 마련이다. 바퀴벌레 출몰 때 나는 스타벅스 커피 쿠폰을 보냈다. 아메리카노 한 잔이 아니라 치즈케이크와 딸기블렌디드 음료 세트. 아아(아이스 아메리카노) 한 잔은 주나 마나다. 효과가 없다. 늘상 받던 거기 때문이다. 나는 고객의 기대치보다 두 배 더 쏜다. 오천 원을 예상했으면 만 원짜리를. 커플이라면 두 명이 케이크와 음료를 먹을 수 있도록 과감히 쏜다.

더위에 귀가는 잘 했냐고 물으면서 음료 쿠폰을 카카오톡으로 보낸다. '당신이 최-고' 이모티콘 카드와 함께. 백발백중이다. 노골적으로 얘기하자. 사실 슈퍼호스트 평가 중인데 별점 만점 달라고, 후기 잘 써 달라고.

배민 인기 초밥집의 영업 비밀도 단순하다. 일단 맛이 좋아야 하고 가격이 합리적이어야 한다. 새우튀김이라도 하나 더 넣어 주고 제로콜라캔도 서비스로 넣어 준다. 그리고 별점은 큰 힘이 된다고 쓴다. 글씨가 예쁘다면 자필로 쓰면 더욱 좋다.

일타오피

동남아 이름으로 추측되는 어떤 외국인으로부터 문의가 들어왔다. 그는 질문이 상당히 많았다. 한국 대구에 있는 KNU대학교의 인턴쉽 프로그램에 참여할 예정인데, 숙소의 위치와 컨디션, 자신이 다닐 단과대학까지의 거리, 대구공항에서 숙소까지 가는 방법 및 요금, 시내는 또 얼마나 가까운지 등등.

나는 처음에는 KNU 일대의 관광 정보를 얻으려고 하는 단순 문의 고객으로 생각했다. 그는 밤이고 낮이고 궁금할 때마다 질문 공세를 이어 갔다. 나는 귀찮게 생각하지 않고 진심을 다해 대답해 주었다.

얼마 지나지 않아, 그는 자신을 포함 5명의 학생이 나의 집으로 입주하고 싶다는 문자를 보내왔다. 대박이었다. 경북대 담당 교수님이 자신들의 숙소를 알아보고 있었으나 5명이 동시에 거주할 수 있는 숙소를 구하기에 한계가 있었고 비용 또한 만만치 않았다고 한다. 그 학생과 담당 교수가 동시에 집을 구하고 있었던 것이다. 내가 만약 대답을 시원찮게 하거나, 예약과 상관없는 자잘한 질문에 대답을 제대로 하지 않았다면, 그 고객은 나의 집을 선택하지 않았을 것이다.

그들은 급하게 들어왔다. 다섯 명의 학생을 동시에 받기 위해서는 숙소 조정을 해야 했다. 유럽 학생들을 2, 3층으로 올리고 태국 학생 다섯 명을 1층에 배치했다. 세 명은 원룸을, 두 명은 거실이 딸린 투룸을 줬다. 투룸의 거실엔 다섯 명이 모여 쉬거나 회의를 할 수 있도록 테이블을 설치해 줬다.

학생 다섯 명이 동시에 들어온 것은 처음이었기 때문에, 나는 여름휴가를 내고 경대 원룸으로 갔다. 40도에 가까운

폭염에 학생들이 시원하게 입주할 수 있도록, 나는 한 시간 전부터 모든 방의 에어컨을 최저 온도, 최대 강풍으로 가동해 두었다. 아침 일찍 대구 공항에 도착한다기에 오전 입실이 가능하도록 미리 손을 써 두었다. 오전 11시. 그들은 대구 공항에 내린 지 한 시간도 안 돼 점보 택시를 타고 나의 집 앞에 내렸다. 행여 근처에서 헤매지 말라고 미리 나의 집의 정확한 한글 주소, 집의 외관, 골목 사진을 미리 보내주었다. 택시 기사와 소통이 어려우면, 언제든지 나와 통화하게 하라고 했다.

그들은 매우 만족해했다. 숙소제공확인서, 임대계약서 등 학교 등록에 필요한 모든 서류를 미리 이메일로 보내 줬고, 5명의 대표자를 정해 모든 상황과 정보를 제공했다. 그들은 입학 후 담당 교수님께 숙소의 주인이 너무 잘해 줬고 거주 환경도 생각했던 것보다 훨씬 좋다고 말했다고 한다.

이 얘기를 들을 수 있었던 것은, 입주 일주일 후에 나는 태국 5인방에게 숙소 근처 식당에서 안동찜닭을 대접했기 때문이었다.

기적 같은 일이 일어났다. 대화 도중 대표 학생으로부터 담당 교수의 이름을 듣는 순간, 내 귀를 의심했다. 초등학교 6학년 때 같은 반 단짝이었던 것이다. 대학 다닐 때 우연히 버스 안에서 본 게 전부였다. 연락 안 한 지 30년은 된 것 같았다. 그러나 나는 주저하지 않고 바로 연락할 수 있었다. 연(緣)이 생겼기 때문이었다. 토요일 오후 5시 반이었지만, 내 친구는 바로 전화를 받았다. 너무 오랜만에, 또 이 시간에 웬일일까, 애써 감추고 있었지만 약간 의아해하는 목소리였다.

자초지종을 얘기하자 친구는 매 학기마다 내 밑으로 10명 가까운 외국인 교환학생들이 들어오는데, 앞으로 네 집에 묵도록 추천해야겠다고 했다. 나는 그날 경북대 공대와 모종의 MOU를 체결하게 된 것이다. 이런 우연과 필연이 또 있을까. 어느 구름에 비 들어 있는지, 정말 모를 일이다.

Chat GPT

챗 지피티(Chat GPT)는 생성형 인공지능 앱이다.[15] AI 개
인 비서를 두는 것과 같다. 나는 챗 지피티를 잘 모른다. 초

---

15) 생성형 인공지능(AI)은 기존 AI에서 한 단계 진화한 차세대 AI로, 스스로 학
    습한 알고리즘을 통해 텍스트·이미지·영상 등을 이용자가 원하는 형태로 만
    들어 주는 AI 기술을 말한다. 즉, 기존 AI보다 수백 배 이상의 데이터를 학습
    해 인간의 뇌에 더 가깝게 학습·판단 능력이 향상된 형태라 할 수 있다. 이러
    한 생성형 AI는 자연어 생성 분야(챗봇 서비스)를 비롯해 이미지 생성, 음성
    및 음원 생성, 비디오 생성 등 다양한 분야에서 활용되고 있다.
    AI의 학습 과정에서는 다른 저작물에 대한 복제 등의 행위가 수반되며, 이 생
    성형 AI가 만들어낸 산출물 역시 학습용 데이터에 포함된 원저작물의 일부와
    같거나 유사한 경우 저작권 침해 문제가 발생할 수 있다. 현재 우리나라를 비
    롯해 대부분의 국가들은 AI 생성물의 저작권을 인정하지 않고 있는데, 현행법
    상 '저작물'은 인간의 창작물일 것을 전제하고 있기 때문이다. 따라서 인간이
    아닌 동물이나 AI가 만들어낸 산출물은 저작권법의 보호를 받을 수 없다. 다
    만 사람의 창작적 기여가 있다면 그 부분에 한해서는 저작권을 제한적으로나
    마 인정을 받을 수 있다. 시사상식사전. 네이버 지식백과.

보 수준이다. 대부분의 사람들은 듣기만 하지 정작 해 보지는 않는다. 나는 직접 해 본다. 해 본 것과 해 보지 않은 것의 차이는 크다.

백문이불여일견 백견이불여일행

폰에 챗 지피티 앱을 깔고 계정을 연 후, 채비서(나는 앞으로 챗 지피티를 이렇게 부르기로 했다.)에게 한 첫 질문은 이랬다.

'한국에서 에어비앤비 플랫폼을 합법적으로 이용하려면?'

채비서의 답은 빨랐다.

한국에서 에어비앤비(Airbnb)와 같은 숙박 공유 플랫폼을 합법적으로 이용하려면 몇 가지 규정을 준수해야 합니다. 특히, 호스트가 되는 경우에는 법적 절차와 규제를 이해하고 따르는 것이 중요합니다. 다음은 한국에서 에어비앤비를 합법적으로 이용하기 위한 주요 조건입니다.

1. 사업자 등록

– 에어비앤비에서 숙박 서비스를 제공하려면 '사업자 등록'
이 필요합니다. 주거용 부동산을 이용하여 수익을 얻는
행위는 일반적으로 사업자로 간주되기 때문에 세금 문제
를 피하기 위해 사업자 등록을 해야 합니다.

2. 관광진흥법에 따른 허가

– 한국에서 에어비앤비 숙소를 제공하려면 '관광진흥법'에
따라 "외국인관광 도시민박업" 허가를 받아야 합니다.
이는 외국인 관광객을 대상으로 민박을 운영하는 경우
에만 가능하며, 현지 주민을 대상으로 한 민박은 허가가
제한됩니다.

– 서울과 같은 주요 도시에서 이 법의 적용을 받는 지역이
많으며, 이러한 지역에서 외국인만을 대상으로 숙소를
제공할 수 있습니다.

3. 건축물 용도 확인

– 민박업을 위해 사용하는 건물은 주거용이어야 하며, 건
축물 대장이 숙박업으로 등록된 경우나 상업적 용도로는

사용할 수 없습니다. 이를 어길 경우 불법으로 간주될
수 있습니다.

4. 소방법 및 안전 규정 준수
- 에어비앤비 숙소는 '소방안전시설'을 갖추고 있어야 하
며, 정기적인 안전 점검을 받아야 합니다. 또한, 소방시
설 설치 및 유지관리 의무도 있습니다.

5. 세금 신고
- 에어비앤비로 얻은 수익은 종합소득세 신고 대상입니다.
사업자 등록을 통해 얻은 수익은 소득세 신고를 해야 하
며, 일정한 매출 이상일 경우 부가가치세(VAT)도 부과
될 수 있습니다.

6. 임대인 동의
- 임대 주택에서 에어비앤비 운영을 계획하는 경우, 반드
시 '임대인(집주인)의 동의'를 얻어야 합니다. 임대 계약
서에 명시된 규정을 위반할 경우 법적 문제가 발생할 수
있습니다.

7. 지역 규제 확인

– 각 지방자치단체마다 에어비앤비와 관련된 규제 및 규정
   이 다를 수 있으므로, 해당 지역의 규제를 확인하는 것
   이 중요합니다. 예를 들어, 특정 지역은 숙박업 허가 없
   이 에어비앤비 운영이 금지될 수 있습니다.

이러한 규정을 지키면 한국에서 에어비앤비를 합법적으로
운영하거나 이용할 수 있습니다.

놀라움을 넘어 섬뜩할 정도로 정확하고 간결한 답변이었
다. 내가 이 정도로 핵심을 짚어 요약하려면 서너 시간은
족히 걸릴 것이다. 채비서는 업무능력, 속도, 비용 모든 면
에서 가히 혁명적이다.

채비서에게 두 번째로 시킨 일은 출판 관련 업무였다. '채
비서, B6크기 200페이지 정도의 책을 출판하는 방법과 비
용은?' 채비서의 답변은 백점이었다. 그것도 단 3초 만에.
무료 버전을 쓰는데도 이 정도 품질인데 유료 버전은 도대
체 어느 정도일까.

B6 크기(128mm×182mm) 책을 출판하는 과정과 비용은 여러 가지 요소에 따라 달라집니다. 주로 아래의 절차와 비용 요소를 고려해야 합니다.

1. 책 제작 과정

1) 원고 준비: 글을 작성하고, 편집 및 교정을 완료합니다.

2) 디자인: 표지 및 내지 디자인을 포함하여, 책의 전반적인 레이아웃과 스타일을 설정합니다. 이를 위해 디자이너를 고용하거나, DIY 도구를 사용할 수 있습니다.

3) ISBN 발급: 상업적으로 유통하려면 ISBN(국제표준도서번호)이 필요합니다. 한국에서는 ISBN 발급을 대한출판문화협회나 각 출판사를 통해 진행할 수 있습니다.

4) 인쇄소 선택: B6 크기 책을 제작하는 인쇄소를 찾아, 인쇄할 부수를 결정합니다.

5) 유통: 유통을 고려한다면 서점, 온라인 서점, 자체 판매 방식 등을 선택할 수 있습니다.

2. 비용 요소

비용은 다음 항목들에 따라 달라집니다. :

- 디자인: 표지 및 내지 디자인에 따라 비용이 다릅니다. 디자이너를 고용하는 경우, 표지 디자인은 10만 원~30만 원, 내지 디자인은 페이지당 추가 비용이 발생할 수 있습니다.
- 편집 및 교정: 원고 편집, 교정 비용은 보통 페이지당 청구되며, 대략 200페이지 기준 20만 원~50만 원 정도 예상할 수 있습니다.
- 인쇄 비용: 인쇄 부수와 책의 사양(컬러, 제본 방식, 종이 종류 등)에 따라 달라집니다. 예를 들어, 200페이지의 흑백 책을 B6 크기로 1,000부 인쇄할 경우 대략 150만 원~300만 원 정도의 비용이 발생할 수 있습니다.
- ISBN 발급 비용: 한국에서는 무료로 ISBN을 발급 받을 수 있지만, 이를 통한 도서 등록 비용이 소액 청구될 수 있습니다.
- 유통 및 홍보 비용: 서점에 책을 등록하거나 홍보하는 데 드는 비용이 추가될 수 있습니다.

3. 출판 방식 선택
- 자비 출판: 모든 비용을 저자가 부담하고, 인쇄 부수나

유통 방식을 자유롭게 선택할 수 있습니다.

- 독립 출판사 계약: 독립 출판사와 계약하여 책을 출판할 수 있으며, 이 경우 출판사가 비용을 일부 부담할 수 있습니다.
- POD(주문형 인쇄): 주문이 들어오면 그때 인쇄하는 방식으로, 초기 대량 인쇄비를 줄일 수 있습니다. 다만, 개당 비용이 높습니다.

예상 비용 합계
- 디자인: 10만 원~50만 원
- 편집 및 교정: 20만 원~50만 원
- 인쇄: 1000부 기준 약 150만 원~300만 원
- ISBN 발급 및 기타 비용: 약 5만 원~10만 원

대략적인 총비용은 '200만 원~400만 원' 수준이 될 수 있습니다.

나는 채비서의 보고를 받고 출판에 대한 막연한 불안감을 완전히 씻을 수 있었다. 주위에 자문도 구해 보고 인터넷도

뒤져 봤지만 채비서의 답변은 출판 일정표가 되어 버렸다.

초보 작가인 나는 출판 절차와 비용이 가장 어려웠고 두려
웠다. 돈이 많이 깨지는 건 아닐까, 편집 프로그램은 완전
히 다르다고 하던데 책 디자인과 편집 비용은 얼마나 들까,
서점에는 내 책이 어떻게 깔리나, 그냥 소장용으로 몇백 부
찍을까, 아니면 정식으로 판매를 해 볼까, 내 책을 누가 사
보겠나. 별별 생각과 걱정을 다 했다.

소장용 책이든, 판매용 책이든, 수백 쪽의 책을 쓴다는
것은 의미 있는 일이다. 책 품질은 글쓴이에 따라 천차만별
이겠지만, 책 내용의 80퍼센트 이상이 자신의 창작이라면
도서로서 충분히 가치가 있다고 할 수 있다. 대필한 글이나
참고자료를 마구 복붙(복사해서 붙이기)한 책은 독자는 물론
저자 스스로 안다.

호랑이는 죽어 가죽을 남기고 사람은 죽어 이름을 남긴
다. 사람은 사는 동안 좋은 일을 해야 하고 그 일이 큰 사건
이 되어 업적이 되면 사가(史家)에 의해 역사에 남겨진다는

뜻이다.

기록과 역사는 결국 글을 말하는 것인데, 어떤 이의 선한 일이 누군가의 손에 의해 기록되는 것이 역사서다. 자신의 일을 기록하면 자서전이고 시를 쓰면 시집이고 소설을 쓰면 소설책이다. 어떤 사람의 학문적 성과를 담은 학술서는 세상에 엄청난 발전과 이익을 준다. 아리스토텔레스, 뉴턴, 칸트, 아인쉬타인, 칼 세이건, 유발 하라리, 재레드 다이아몬드.

사람의 이름이라는 것이 결국은 글이고, 의미 있는 글이 모여 책이 되는데 별 볼 일 없이 평범하게 산 나도 내 경험과 생각을 글로 써서 누군가에게 도움을 줄 수 있다면, 조금이나마 보람이 있지 않을까.

앞서 설명한 바 있는 다세대주택, 다가구주택, 다중주택을 챗 지피티는 어떻게 구분하고 비교분석할까?

"채비서, 다세대주택과 다가구주택과 다중주택을 자세히

비교해 주세요. 비교표도 만들어 주세요."

채비서의 답변은 군더더기가 없었다.

다세대주택, 다가구주택, 다중주택은 모두 주거용 건축물이지만, 건축법과 세법상의 용도 및 특징에서 차이가 있습니다. 이 세 가지 주택 유형을 비교해 보겠습니다.

1. 다세대주택
- 정의: 여러 세대가 각각 독립적인 생활공간을 갖춘 주거용 건축물. 각 세대가 개별적으로 등기가 가능.
- 규모: 주로 4층 이하, 연면적 660㎡ 이하.
- 등기 여부: 각 세대가 개별적으로 등기 및 매매 가능.
- 용도: 가족 단위의 주거 공간.
- 특징: 각 세대가 독립적인 출입구, 주방, 욕실 등을 갖추고 있으며, 소유권을 개별적으로 구분할 수 있음.

2. 다가구주택
- 정의: 여러 가구가 거주할 수 있지만, 하나의 소유자가

소유하는 단독주택. 주로 임대를 목적으로 함.

- 규모: 3층 이하(연면적 660㎡ 이하), 1개 동에 최대 19 세대까지 가능.

- 등기 여부: 건물 전체가 하나의 등기부로 관리되며, 개별 세대의 소유권 분할은 불가.

- 용도: 임대 목적이 강하며, 소유자는 하나지만 여러 가구에게 임대를 할 수 있음.

- 특징: 각 가구가 독립적인 생활을 할 수 있도록 주거 공간을 갖추고 있으나, 전체 건물은 하나의 소유자만 가짐.

3. 다중주택

- 정의: 주로 학생이나 직장인 등 1~2인이 생활할 수 있는 주거용 건축물. 다중세대가 공동으로 거주.

- 규모: 3층 이하, 연면적 330㎡ 이하.

- 등기 여부: 개별 세대 등기 불가.

- 용도: 단기 임대 또는 거주 목적.

- 특징: 주방, 화장실 등이 공동으로 사용될 수 있으며, 주거 공간이 작음. 원룸형태로 각 가구가 독립된 생활공간을 가질 수 있지만 공용 공간이 많음.

항목	다세대주택	다가구주택	다중주택
정의	개별세대가 독립적인 생활공간	여라 가구가 거주, 소유자는 하나	주로 1~2인이 공동 거주
규모	4층 이하, 660제곱미터 이하	3층 이하, 660제곱미터 이하	3층 이하, 330제곱미터 이하
등기 여부	각 세대 개별등기 가능	건물 전체 하나의 등기	개별 등기 불가
용도	가족 단위 주거공간	주로 임대 목적	단기 임대 및 소형 거주
특징	개별세대 소유 및 매매 가능	소유자는 하나, 다세대 임대 가능	주거 공간이 작고, 공용 공간 많음
주거 형태	독립적 세대	임대용 다가구	학생, 직장인 대상 소형 주택
소유자	각 세대별 소유	전체 건물 소유자는 한 명	한 명이 건물 전체 소유

추가 설명

- '다세대주택'은 각 세대가 소유권을 갖기 때문에 매매나 임대가 자유롭습니다.
- '다가구주택'은 임대 목적으로 지어지며, 세입자는 독립적으로 생활할 수 있지만 소유자는 한 명입니다.

---

16) 면적이나 설명에 약간의 오류와 중복은 있으나 항목 분류 등을 보면 상당히 체계적임을 알 수 있다.

– '다중주택'은 주로 저렴한 비용으로 단기 거주하는 사람
들을 대상으로 하며, 원룸형 형태가 많고, 공동으로 사
용하는 공간이 많습니다.

이 표를 통해 각 주택 유형의 차이점을 쉽게 이해할 수 있습
니다.

챗 지피티가 시를 쓰고 작곡도 하고 화가 뺨치는 수준의
그림을 그린다는 말이 과장이 아니었구나.

끝으로 채비서에게 외국인관광 도시민박업 영업허가를
받기 위해서는 어떤 준비 서류와 허가 절차가 필요한지 물
어보자.

'외국인관광 도시민박업 영업허가를 받기 위한 준비서류
와 체크리스트, 허가 절차를 알려 주세요.'

외국인 관광객을 대상으로 도시민박업 영업허가를 받기 위
해서는 한국 법령에 따른 여러 준비 서류와 절차를 따라야

합니다. 도시민박업은 외국인을 대상으로 한 숙박시설 제공을 목적으로 하는 사업으로, 등록을 위해서는 다양한 요건을 충족해야 합니다. 주요 준비서류, 체크리스트, 허가 절차는 아래와 같습니다.

1. 준비 서류

도시민박업 영업허가를 받기 위해 필요한 기본 서류는 다음과 같습니다.

- 영업신고서: 관할 구청에 제출할 영업신고서.
- 건축물대장: 건축물의 용도가 '주택'으로 되어 있는지 확인 필요.
- 사업자등록증: 세무서에서 발급.
- 임대차계약서 (해당 시): 건물이 본인 소유가 아닌 경우, 임대차 계약서 제출.
- 소방안전점검서: 소방시설과 관련된 안전점검을 받았다는 증명서.
- 위생관리 확인서: 숙소 내 청결 유지에 대한 확인서.
- 보안 관련 서류: CCTV 설치 등 보안 관련 서류가 필요

할 수 있음.

- 보험 가입 증명서: 화재보험, 배상책임보험 등 필수 보험 가입 여부 확인.

- 건축법 및 공중위생법 관련 서류: 해당 법률에 따른 추가 서류 준비.

2. 체크리스트

도시민박업을 시작하기 전에 체크해야 할 사항들입니다.

- 건물용도 확인: 건축물대장에 기재된 용도가 반드시 '주택'이어야 합니다.

- 최대 수용 인원: 법적으로 정해진 최대 수용 인원을 초과하지 않도록 해야 합니다.

- 위생 관리: 숙소의 위생 상태가 법적 기준을 충족하는지 확인.

- 소방 안전: 소화기 비치, 화재경보기 설치 등 소방 관련 안전설비 확인.

- 보험 가입: 필수 보험에 가입했는지 확인(예: 화재보험, 배상책임보험).

- 세금 및 사업자 등록: 사업자등록을 완료했는지, 세금 신고 의무를 이해하고 있는지 확인.

3. 허가 절차

도시민박업 영업허가 절차는 다음과 같습니다.

1. 건물용도 확인: 건축물대장에서 건물 용도를 '주택'으로 확인.
2. 사업자 등록: 세무서에서 사업자등록증을 발급.
3. 소방안전 및 위생 점검: 소방서와 관련 기관에서 안전 점검을 받음.
4. 영업신고서 제출: 관할 구청에 영업신고서를 제출하고 필요 서류와 함께 제출.
5. 현장 확인: 구청 담당자가 현장을 확인하고, 법적 요건을 충족하는지 평가.
6. 허가증 발급: 조건을 충족할 경우 도시민박업 영업허가증을 발급받음.

이 과정은 관할 구청에 따라 다소 차이가 있을 수 있으므

로, 해당 지역의 구청에 문의하여 최신 정보를 확인하는 것
이 중요합니다.

채비서가 알려 준 대로 외도민 영업허가를 준비해도 손색
이 없다. 여러분도 지금 바로 챗 지피티를 깔아 활용해 보자.

호모 루피엔스

아는 것은 배우는 것만 같지 못하고, 배우는 것은 즐기는 것만 같지 못하다. 공자의 말씀이다. 공부가 재미있고 즐거운 학생이 공부를 잘한다. 일이 자기 적성에 맞으면 성과가 좋다. 밤낮없이 일한다.

내가 책을 써 봐야겠다고 마음먹은 날이 8월 21일 제방훈 후배를 만난 날이었다. 단 일주일 만에 백 페이지의 글을 썼다. 밤낮없이 미친 듯이 썼다.

생각하는 인간을 '호모 사피엔스'라고 한다. 높은 수준으로 사고하고 공부하고 연구하는 능력을 말한다. 놀이하는 인간, 유희적 인간을 '호모 루덴스'라고 한다. 사고(思考)를 너머 창의성을 발휘하고 스포츠와 취미 활동을 개발하여 즐겁게 놀 수 있는 능력을 말한다.

공부든, 일이든 재미있어야 한다. 공부가 재미없으면 죽었다 깨어나도 공부가 안 된다. 여기서 유희적이라는 것은 단순히 논다는 뜻이 아니다. 나는 사피엔스를 넘어서야 루덴스가 된다는 뜻으로 이해하고 있다. 자신이 좋아하는 분야를 찾아서 깊이 연구를 하고, 맘껏 즐기면서 행동하라는 뜻이다. 해당 분야에 '마스터'가 돼야 한다. 호모 사피엔스와 호모 루덴스의 융합, 호모 루피엔스가 되자.

사피엔스는 이론이고 루덴스는 행동이다. 둘 다 중요하다. 이론과 실천이 균형 잡혔을 때 시너지가 나타난다. 원룸임대와 에어비앤비를 남들 보다 더 잘하기 위해서는 이론 공부를 많이 해야 한다. 부동산 공부도 하고 관련법도 알아야 한다. 데이터와 정보를 축적하고 현장 지식도 많이 쌓아야 한다.

내가 정말 놀란 것은 어떤 원룸건물이 위치도 좋고 가격도 비교적 괜찮게 나왔길래 이거다 싶어 가 봤다. 골목길이 정말 가파른 오르막이었다. 지도로 봐서는 절대 알 수 없는 정보였다. '고바위 원룸'은 아무리 좋아도 피하는 것이 좋다. 아파트와는 달리, 원룸촌은 골목이 좁고 가팔라 한겨울 폭설이라도 내리면, 대책이 없다. 가급적 평탄한 지역의 원룸을 선택하자.

충신보다 양신

1998년 8월, 나는 정치외교학과 대학원 3학기 때 의회 발전연구회에서 주관하는 국회연수 프로그램에 참여하게 되었다. 총 5개월 과정으로 한 달 동안 이론 수업을 듣고 4개월 동안 상임위원회에 배치되어 현장을 체험하고 실무를 경험하는 과정이었다.

전국 대학교 대학원에서 15명 정도 선발하였는데, 수도권 대학 학생 13명, 비수도권 학생 2명이었다. 이 국회연수 프로그램으로 나는 국회생활을 시작하게 되었다.

당시 나는 신촌 연세대 근처에서 하숙했다. 아침에 버스를 타고 서강대교를 건너 국회와 숙소를 오가는 5개월이 인생을 통틀어 가장 긴장되고 흥분되는 시절이었다. 한 달 동안의 이론 수업도 쟁쟁했지만, 정기국회 100일의 경험은 정치학을 전공한 나로서는, 정말 값진 것이었다. 상임위에 배치되어 법률안심사, 예산안심의, 국정감사 등을 눈앞에서 지켜봤고, 서류정리, 자료검색 등 입법보조원으로서 업무를 수행했다.

나는 의원실에서 인턴으로 있다가 2000년 6월, 16대 국회 개원과 함께 모의원실 6급 비서관[17]으로 임용되었다. 당시 의원실에는 9·7·6급 상당 비서관, 5급 상당 선임비서관, 4급 상당 보좌관 이렇게 총 5명의 별정직 공무원이 있었다. 지금은 보좌 인력이 늘어 9·8·7·6급 비서관 각 1명, 5급 선임비서관 2명, 4급 보좌관 2명 이렇게 총 8명의 별정공무원이 있다.

---

17) 당시에는 6급 이하 보좌직원의 호칭은 '비서'였는데, 비서라는 용어가 주는 부정적인 어감을 없애고 보좌직원들의 처우를 개선하자는 취지에서 호칭을 '비서관'으로 바꿨다. 2014년 국민의힘 보좌진협의회(당시 새누리당보좌진협의회) 회장 재직 시, 주호영의원 대표발의로 최초 발의했고 2022년 제방훈 회장 때 국회 본회의에서 통과되었다.

나는 2009년부터 2017년까지 국회의원 주호영(국민의힘/
대구 수성구갑)을 보좌했다. 현재 주의원님께서는 6선으로 국
회부의장이다. 서문에서도 언급했듯이 이 시기가 내 인생
의 가장 뜨거운 시절이었다.

주호영 의원실의 수석보좌관으로서 재선부터 4선까지 보
좌했는데, 그 시기에 우여곡절이 참 많았다. 19대 총선 땐
당 공천관리위원장에 의해 말도 못할 설움을 받았고, '옥새
들고 나르샤'로 크게 회자됐던 20대 총선 때는 공천을 받지
못해 무소속 선거를 뛰었다. 지금도 그렇지만 당시 대구경
북권에서 무소속으로 당선된다는 것은 기적에 가까운 것이
었다.

정치든, 회사든 줄을 잘 서야 한다는 말이 있다. 주의원
님은 계파가 없다. 계파가 없다는 것이 단점이 되기도 하고
장점이 되기도 한다. 산전수전을 다 겪고 현재 국회 최다선
의원이자 국회부의장이다. 삼국지 사마의가 조조 휘하에서
30년을 인내하고 결국 정권을 잡지 않았던가? 삼국지를 통
틀어 보면 사마의가 최종 승자였을 수도 있다.

주의원님은 내겐 멘토 같은 분이셨다. 자주 차를 우려 주시면서 좋은 말씀을 많이 해 주셨는데, 그중 마음 깊이 새겨 둔 조언이 '양신론'이었다.

충신(忠臣)보다 양신(良臣)! 충신의 말은 임금의 귀를 거슬리게 하여, 정작 본인의 의견이 정책에 반영되지 않는다. 같은 말이라도 양신은 임금이 그것을 받아들일 수 있게끔, 시기와 방법을 잘 살펴 어질게 말한다. 동서고금의 역사를 봐도 '전하, 아니 되옵니다!' 하고 이마를 땅에 찧었던 신하들은 자신의 뜻을 펼치지도 못하고 목이 달아나는 일이 다반사였지 않은가?

회사에서도 마찬가지다. 아부하라는 것이 아니다. 간신(奸臣)이 되라는 말은 더욱 아니다. 상사(上司)가 팀장(보통 기업에서 부장급이 맡는다.)이든, 임원이든, 사장이든 자신의 기획안이나 의견이 채택되고 사업으로 추진되고 위해서는, 양신이 돼야 한다.

해당 아이템에 대해 사전 조사와 공부를 철저히 하고 설

득력 있는 PT 자료를 만들어야 한다. 만약 나의 기획서가
채택되어 사업으로 추진된다면, 좋은 성과가 나도록 포기
하지 않고 정성을 다해 업무를 추진해야 한다. 그게 양신이
자 좋은 직원인 것이다.

디깅 모멘텀(Digging Momentum)

자신이 좋아하는 특정 분야에 대해 깊이 파고드는 사람을 '디깅러'라고 한다. 이러한 사회현상을 '디깅 모멘텀[18]'이라고 부른다. 취미활동 수준을 넘어 어떤 분야에 진심인 사람. 앞에서 언급한 '루덴스'형 인간이다. 당신은 어떤 분야를 '디깅' 하고 싶은가?

디깅이라는 말이 와닿지가 않아 우리말로 어떤 적당한 표현이 있을까 찾아보았다. 심취, 몰두. 와닿는다. 어떤 일에

---

18) 《트렌드코리아 2020》, 서울대 소비트렌드분석센터에서 음악 분야에 한정해 쓰이던 용어를 소비영역까지 확대해 사용한 개념. 디깅 모멘텀의 특징은 심층적 탐구, 장기적인 헌신, 자기 만족 추구, 커뮤니티와 상호작용 등이 있다. 디깅의 유형은 컨셉형(공부형), 관계형, 수집형이 있다.

심취한 사람, 어떤 작업에 몰두하는 사람. 멋있다.

　어떤 분야에 전문가가 되기 위해서는 그 일에 정성을 쏟아야 하며, 많은 시간을 할애해야 한다. 때론 과감한 투자도 필요하다.

　나는 일본검객 무사시가 '단련'을 설명한 문장을 읽을 때마다 마음이 숙연해진다. 일본 에도시대의 전설적인 검객 미야모토 무사시는 《오륜서》에서 '단련'을 이렇게 정의했다. "천 일을 연습하는 것을 '단'이라 하고 만 일을 연습하는 것을 '련'이라 한다." 한 가지를 잘하기 위해서는 만 일을 연습해야 한다는 말이다. 레토릭(rhetoric: 수사적 기교)이라 치부할 수도 있지만 다가오는 바가 크다. 만 일이면 27년이다. 우리가 한 분야에 30년 가까이 근무하면 '마스터(명장, 명인)'로 인정해 준다. 소림사에서는 그를 스승 또는 사부라 부른다.

　어찌 보면 엘리트의식 같기도 하고, 승자의 논리 같기도 하지만 열정, 노력, 끈기의 필요성을 잘 나타내는 말임엔 틀림없다. 세상은 호락호락하지 않다. 영업은 숫자와 매출이다. 인생은 영업의 연속이다. 돈 버는 기계가 되라는 말이 아니다. 일만 하는 무미건조한 삶을 살라는 뜻도 아니다.

정성(精誠)을 다하고 단련(鍛鍊)하며 정진(精進) 하자. 그것이 일이든, 공부든 간에. 스포츠든, 취미든 상관없이. 영화 〈역린〉의 중용 글귀처럼 사람을 대하고 일을 행하자.

사람과 일에 심취하자.

마치며

인생은 행동하는 자의 것이다. 지식이 아무리 많아도 그것을 실천하지 않으면 헛일이다. 살다 보면 우린 선택해야 하는 순간이 자주 온다. 우리가 어떤 선택의 기로에 놓여 있을 때, 혼돈하는 것이 있다.

내가 어떤 모임에 갈 건지, 말 건지를 놓고, 무얼 선택할지 고민하곤 한다. 내가 주식 투자를 할지 말지를 놓고, '아, 어떡하지.'라고 주저한다. 이땐 '선택' 아니라 '도전' 또는 '포기'라는 용어를 쓰는 것이 더 적절하다.

포기는 선택이 아니다. 선택은 플랜A와 플랜B 중 어떤 플랜을 실행할 것인지를 정하는 것이다. 포기도 선택일 수 있다. 표현의 차이니까. 그러나 앞으로 포기를 선택지로 삼지 말자. 포기는 그야말로 아무 것도 하지 않는 것에 불과하다. 그러면 아무런 일도 일어나지 않는다.

오늘부터 우리 사전에 포기란 없다. '선택'이란 포기할지 말지를 결정하는 것이 아니라, A, B 중 어떤 플랜을 실천할 것인지 양자택일하는 것으로 삼자.

노후소득은 준비하는 자의 것이다!
부와 건강은 실천하는 자의 것이다!

노후소득 월 천만 원 만들기

ⓒ 김태훈, 2024

초판 1쇄 발행 2024년 12월 12일
　　2쇄 발행 2025년 1월 10일

지은이　　김태훈 (문의 kth21cen@naver.com)
펴낸이　　이기봉
편집　　　좋은땅 편집팀
펴낸곳　　도서출판 좋은땅
주소　　　서울특별시 마포구 양화로12길 26 지월드빌딩 (서교동 395-7)
전화　　　02)374-8616~7
팩스　　　02)374-8614
이메일　　gworldbook@naver.com
홈페이지　www.g-world.co.kr

ISBN　979-11-388-3782-8 (03320)